愛知県の知多半島5市5町だけに絞って
多角的に事業を展開しています。

10年前のエネチタはどこの地域にもある
ザ・地元系石油販売会社でした。
こちらが2011年の様子です。

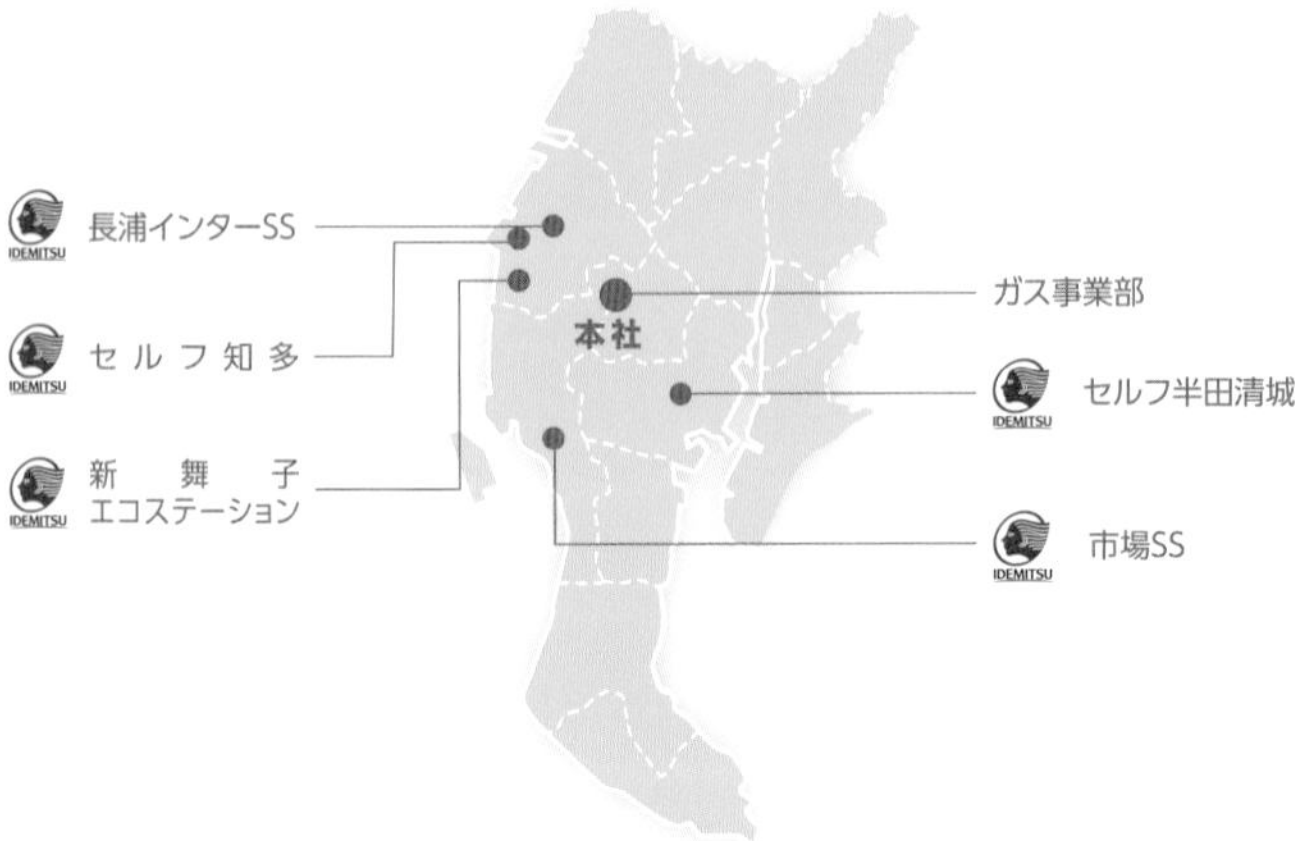

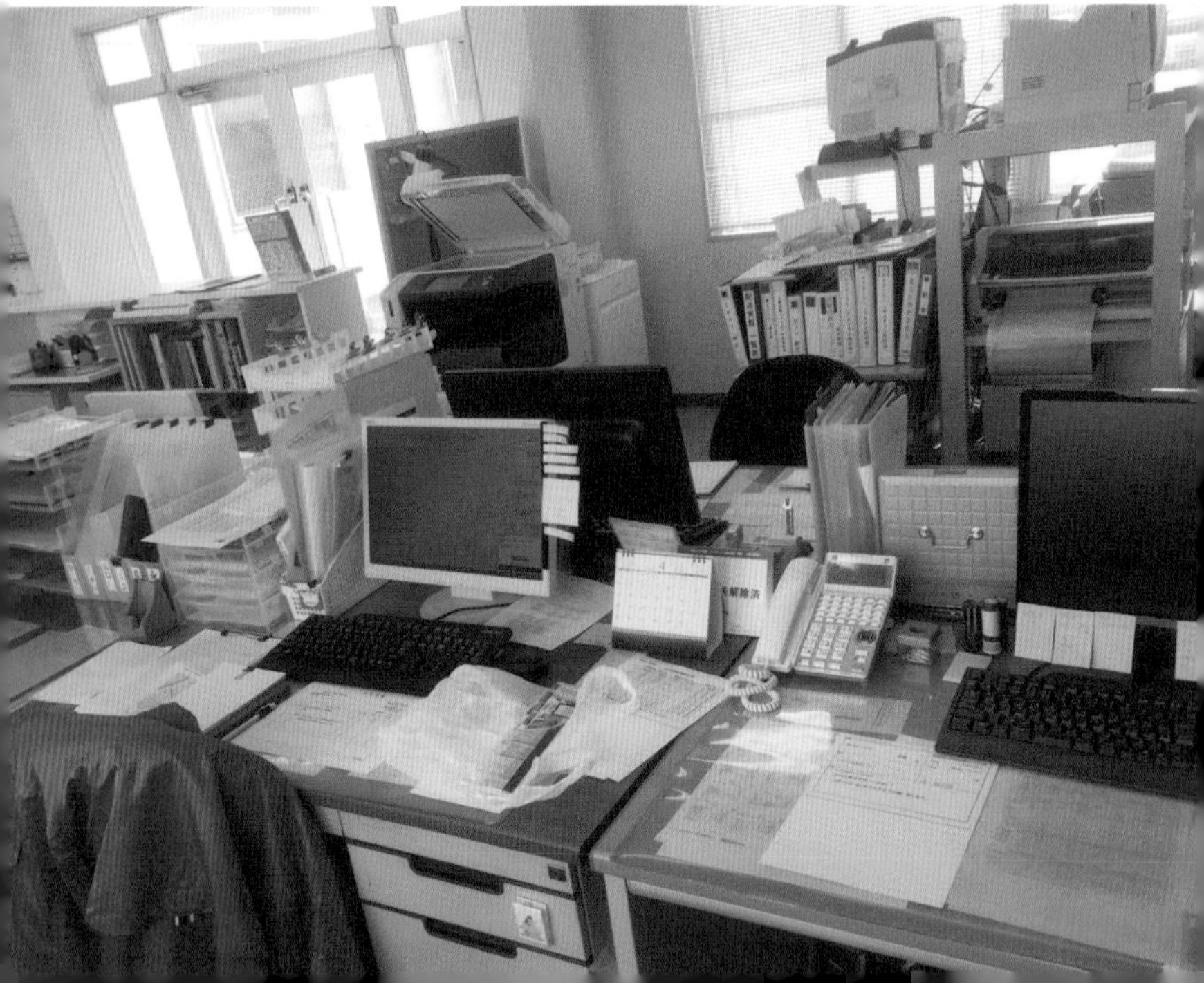

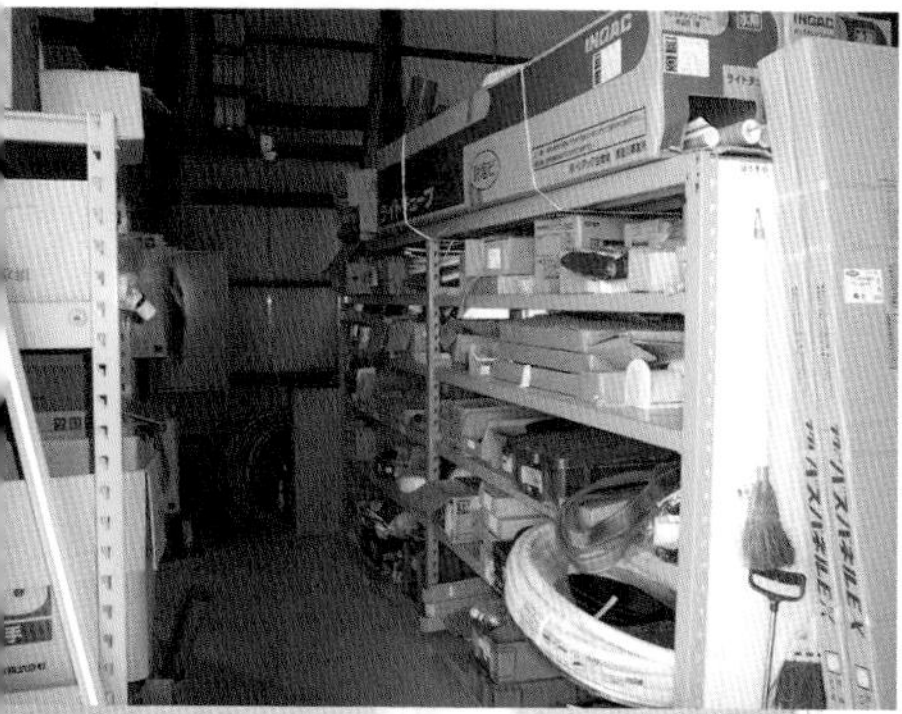
INOAC

そしてこちらが2021年現在のエネチタです。

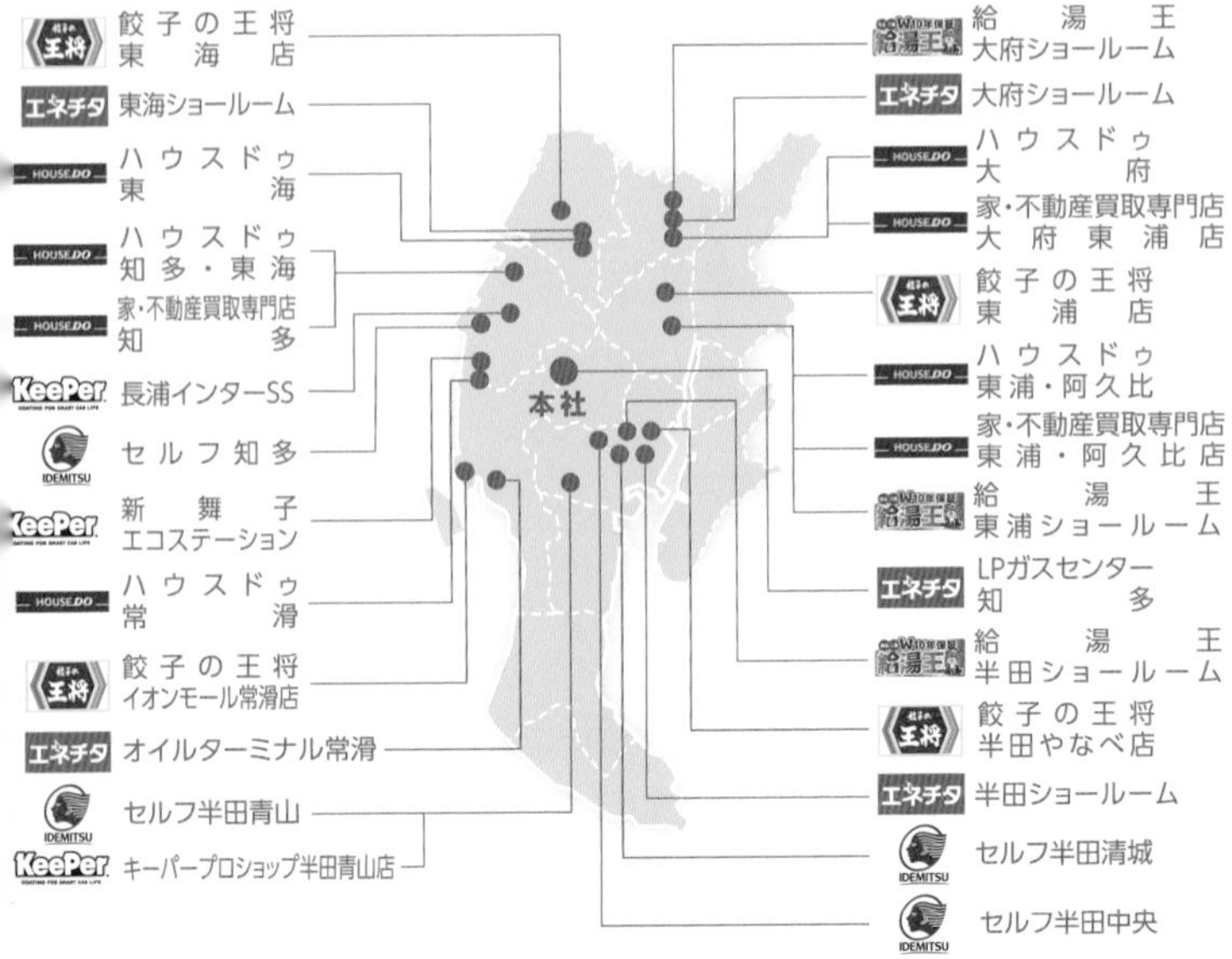

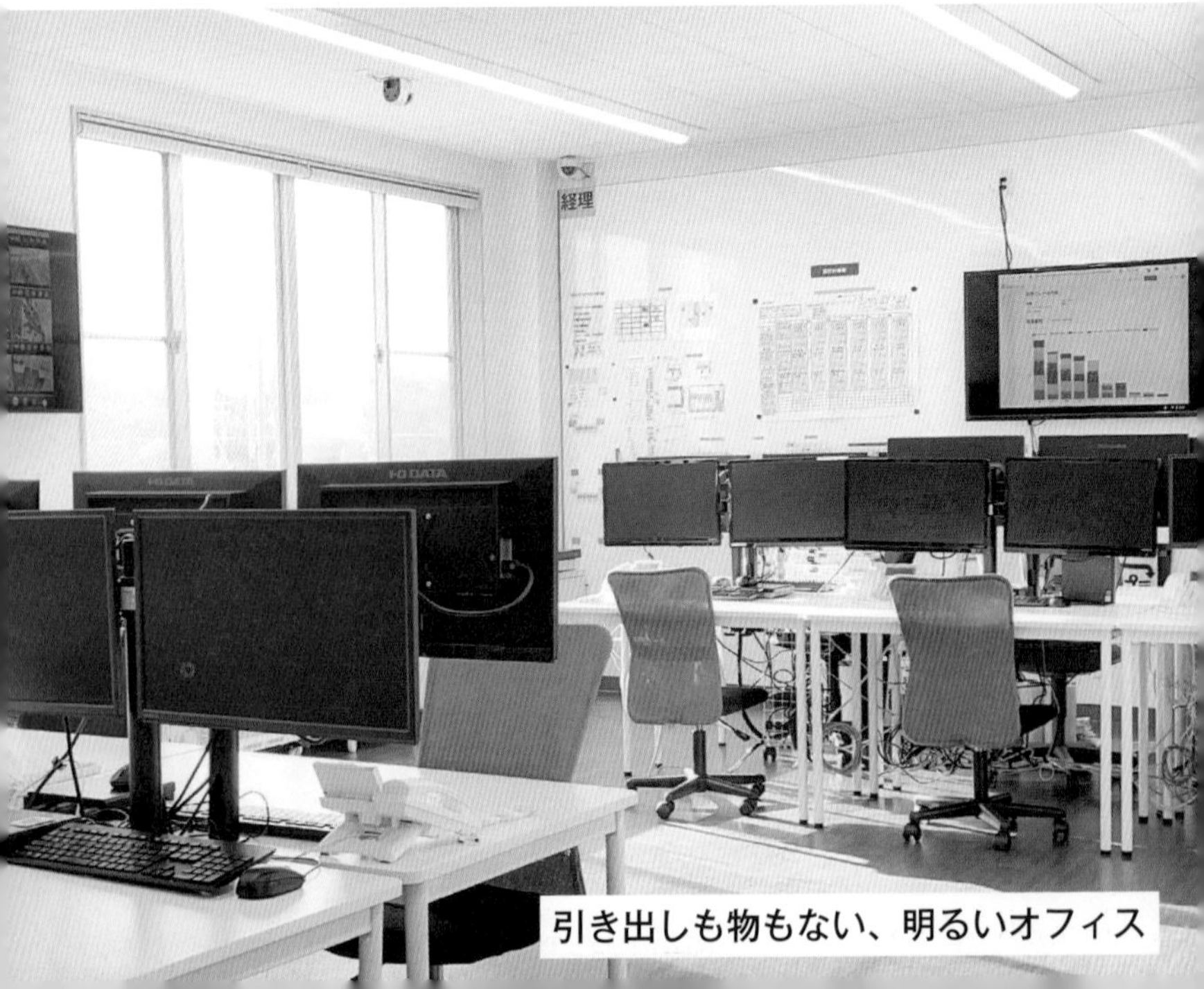
引き出しも物もない、明るいオフィス

「ここまで変わるのか！」と
誰もがビックリするような
会社になりました！

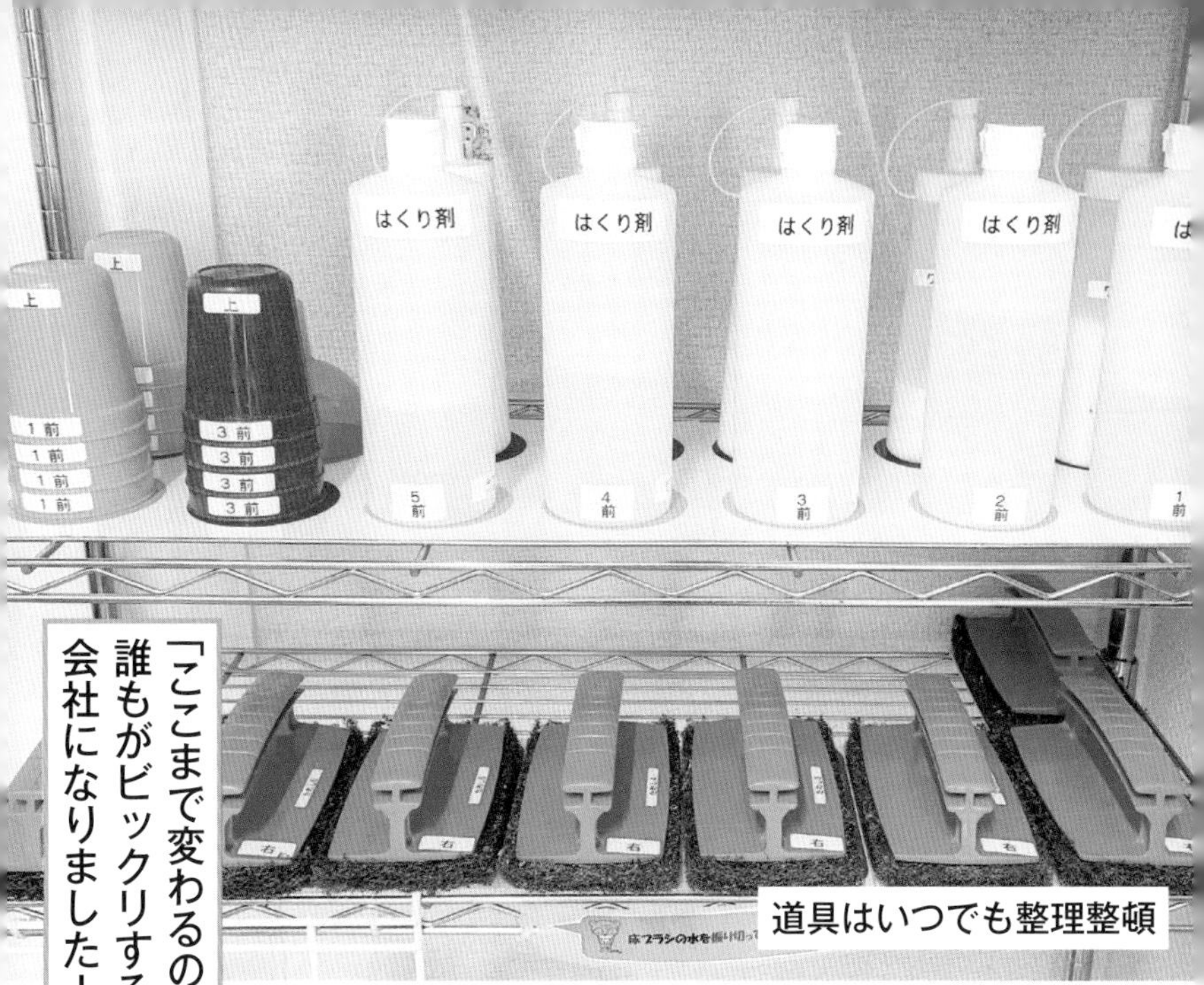

道具はいつでも整理整頓

常に笑顔いっぱいの従業員

この会社の成長を支えているのは
「すばらしい人材」

エネチタ

エネチタ

素晴らしい人材を作り上げるための「人材教育」

内定者研修

社員勉強会

スイッチオン朝礼研修

環境整備点検

すばらしい人材と出会うための「採用活動」

合同企業説明会

エネチタバックヤードツアー

トップライブ（会社説明会）

座談会（会社説明会）

「地域密着の取り組み」

地域貢献活動（産業まつり）

地域貢献活動
（武豊町 駅前ゴミ拾い）

地域貢献活動
（阿久比町 彼岸花球根植え）

地域貢献活動
（知多市 朝倉駅前イルミネーション設置）

「ブランディング」

ここえね通信（35,000世帯以上のお客様へ
知多半島情報誌を無料配布）

防災協定締結式（半田市長室にて）

エネチタカラーの車両台数は110台以上

知多半島に看板150ヵ所以上設置

そして「多角化経営」です。

ガソリンスタンド事業

産業エネルギー事業

カーコーティング事業

給湯王事業

不動産事業

ガス事業

リフォーム事業

フードサービス事業

知多半島で一番笑顔が集まり、
知多半島ナンバーワンの会社を目指し、
コロナ禍でも過去最高益を出し続ける、
私たちの取り組みを紹介します。
「ここまでやるか！
　地域密着のスゴい会社」
エネチタへようこそ！

ここまでやるか!

地域密着のスゴい会社

後藤康之
株式会社エネチタ 代表取締役

あさ出版

はじめに

●笑顔あふれる知多半島の未来をつくる

私が代表取締役を務める「株式会社エネチタ」（エネチタグループ）は、「笑顔あふれる知多半島の未来をつくる」を企業理念に掲げ、

・リフォーム事業
・不動産仲介・売買事業
・ガス事業
・給湯王事業（お湯の専門ショップ）
・フードサービス事業
・産業エネルギー事業

・**ガソリンスタンド事業**

を展開する多角化企業です。

事業エリアは、愛知県・知多半島に限定しています。

知多半島は、名古屋市の南部に位置する半島で、5市5町（半田市／常滑市／東海市／大府市／知多市／阿久比町／東浦町／南知多町／美浜町／武豊町）で構成され、周囲は伊勢湾、三河湾に囲まれており、総人口は、約62万3000人です（2021年4月1日現在）。

エネチタは、1935年（昭和10年）、常滑市で「大和《だいわ》石炭」として創業。1953年、法人化にともない「株式会社大和」に、さらに2011年には、「株式会社エネチタ」に社名を変更しました。

◉**エネチタ**……エネルギー事業を起点とした会社

エネルギッシュに知多半島を牽引する会社

私がエネチタの社長に就任したのは、2004年です。今でこそエネチタは、いくつもの事業で「地域ナンバーワン」を実現しています。

しかし、私が社長に就任した当初は、どこの地域にもある普通の「ザ・地元系石油販売会社」。財務状況はそれほど逼迫《ひっぱく》してはいませんでしたが、石油系の販売だけでは「将来はどうなっていくのだろう?」と思える会社でした。

●父(先代社長)の死後、急遽、エネチタに入社する

知多半島出身の私は、学力は低く、「スノーボードに明け暮れたい」という理由だけで(笑)、東北の大学に進学しました。在学中は1シーズンに100回はゲレンデに行く生活を送っていました。

大学卒業後は他の会社に就職しました。

ところが、就職して約1年半で、知多半島に戻ることになりました。

大和(エネチタの前身)の社長を務めていた父が、亡くなったのです。

入院先の病院で父を看取ったあと、母や姉は泣いていましたが、私はあることに気づき、泣くどころか膝がガクガク震えるほどの恐怖感を覚えました。

そのあることとは、「残された会社の先行き」です。


「父が死んだあと、会社はどうなる？」

「会社も、なくなってしまうのではないか？」

「会社がなくなったら、家族はどうなる？　従業員は？」

「自分が会社を継ぐのか？　スノーボードしかやってこなかった24歳の自分に社長が務まるのか？」


答えが出ないまま、そして大した覚悟もないまま、私は父が遺した会社で働くことになったのです。

●幹部社員のボイコットに遭い、空中分解の危機に

息子が入社したからといって、社員やお客様に歓迎されるとはかぎりません。実績がないからです。

父を信頼し、父についていたお客様は、ライバル会社に流れていくこともありました。父が亡くなってから、会社に届くお歳暮の数は、半分に減りました。

幹部社員の中には、「会社がここまで維持できたのは、オレたちのおかげだ」と尊大な態度を取る者もあらわれました。

「お客様は離れていく。幹部は自分勝手に振る舞ってばかり。このままでは会社は潰れてしまう。どうにかして、お客様を増やさないと……」

営業経験のなかった私が最初にしたことは、『日本一メルセデス・ベンツを売る男』（前島太一／グラフ社）や『一生断られない営業法』（牧野克彦／大和出版）といった

営業の本を読み漁ること。読書嫌いだった私が、嫌々ながらしかたなく本を読み、本で学んだノウハウをひたすら、愚直に、面倒がらずに実践するほかなかったのです。

月曜日から土曜日までは終日お客様を訪問し、日曜日に書類をまとめる。1000日修行とはよく言ったもので入社3年間は1日も休まずに仕事漬け。その結果、私の営業成績に比例するように、会社の業績もグングン伸びたのです。

小さな会社はトップセールス1人で業績が上がるもの。

「オレには、実力がある」

「オレひとりの活躍で会社は伸びている」

「オレって、イケてる」

「オレもそろそろ、経営者らしく振る舞うか」

それが勘違いだとは気づかずに、私は「社長」として経営の舵取りに専念することにしました。

当時の私は、「会社を大きくするのは簡単だ」と甘く見積っていました。

お金は、銀行から借りればいい。

人材は、紹介会社経由でスカウトすればいい。

外から集めたお金と人で出店を続ければ、会社の規模は大きくなる。

「会社の規模が大きくなれば、売上も上がる」

しかもこれから石油系の販売は伸びないことは、当時の私でも容易に予測できましたので、「これからは多角化だ」と単純に考え、さまざまな事業に手を広げていきました。


ただ、このことが「アダ」となりました。

会社の規模が大きくなるほど、マネジメントは難しくなります。ところが私には、膨れ上がる会社を管理するノウハウも、社員をまとめる人望もなかったのです。

そんな私が苦しまぎれに思いついたのが、「自由経営」というスタイルです。要するに、「個々の社員の自主性に委ねよう」と考えたわけです。

私は幹部社員を集め、こう言いました。

「これからは自分で考え、自分で実行する、自由経営にシフトする。Google のように、自由な働き方に変えていこう！」

社長も自由、社員も自由。

私もたまにしか出社せず、社員の自主性にすべて任せたのです。

結論を言うと、自由経営は失敗に終わりました。業績が伸びるどころか、下がりはじめたのです。

私は再び幹部を集めました。

「なんなんだ、この数字は。どうしてくれるんだ。『任せる』と言ったんだから、もっと頑張らなきゃダメじゃないか。しっかりやってくれ」

社員の奮起をうながしたつもりでした。ですが、私の態度が社員の怒りを買うことになったのです。

あるとき、久しぶりに出社した私に、幹部がこぞって言いました。

「後藤さんはこれからも、来たいときに会社に来ればいい。ですが、会議には一切参加しないでください」

「たまに会社に来たと思ったら文句ばかり。私たちに任せると言いましたよね？ 自由経営だと言いましたよね？ だったら黙っていてほしい」

「会社の経営は我々だけでやっていくので、口を出さないでください」

幹部社員にボイコットされ、私は経営者としての瀬戸際に立たされたのです。

そのときに、私がやっていたことは「自由経営」ではなく「放任経営」だと気がついたのです。

●なぜ、エネチタは変わることができたのか

このままではまずいと思った私は、自由経営からの脱却を模索します。しかし、簡単にはいきません。

「会社というのは、こうやって崩壊していくのか」

追い詰められた私は、そのときになってようやく、「中小企業にとって大切なのは、お金ではなく、『人』。売上を上げること以上に、人を育てることである」

「社員が成長しなければ、会社は成長しない」

「これからのエネチタに必要なのは、社員教育である」

ということに気づきました。

そして、今までの自由経営とは180度違う「環境整備（整理、整頓、清潔）」を中心とした経営を進めるようになったのです。

環境整備、経営計画書、社員教育など、本書で紹介する仕組みを導入した結果、エネチタは大きく変わりました。

「人が定着しない会社」は、「人が辞めない会社」に変わり、今では「入りたくてもなかなか入社できない会社」に変わりました。

地域ワーストワンだった会社は、多くの事業で地域ナンバーワンの会社に変わりました。

コロナ禍で多くの企業が厳しい経営を強いられている中、エネチタは、2021年3月決算で「過去最高益」を達成しています。


なぜ、エネチタは変わることができたのか。

なぜ、地域ナンバーワンになることができたのか。

なぜ、名もなきローカル企業に就活生が注目するのか。

なぜ、コロナにも負けない強い企業体質をつくることができたのか。

本書では、ありえないレベルの「地域密着」と「多角化経営」、そして「社員教育」によって黒字化を続けるエネチタの取り組みを紹介します。

中小企業の経営者はもとより、就職活動中の学生など、多くの方の一助となれば、著者としてこれほど嬉しいことはありません。

株式会社エネチタ　代表取締役　後藤康之

目次

第2章　ここまで人気！　エネチタの新卒採用

第3章　ここまで育つ！　エネチタの人材教育

第4章 ここまで変わった！ エネチタの働き方改革

第5章　ここまでやるか！　エネチタのカイゼン

編集協力／藤吉　豊（株式会社文道）

第1章

ここまでこだわる！
エネチタの地域密着

中小企業の力で、笑顔あふれる知多半島をつくる

●「知多半島」に事業エリアを限定している理由

株式会社エネチタは、完全地域密着型の中小企業です。「知多半島 5市5町」を事業エリアに定めています。

現在、8事業27拠点を持つまでに成長していますが、ビジネス基盤はあくまで知多半島です。

「次は、名古屋に進出しよう」とか、「愛知県全域に商圏を広げていこう」と考えたことは一度もありません。

知多半島に事業エリアを限定する理由は、おもに「2つ」です。

①生まれ育った知多半島を日本一の地域にしたいから

スポーツに興味のない人でもオリンピックでは日本人選手を応援したくなる。また、高校野球を観ると自然と自分の出身地の高校を応援したくなる。

そんなふうに人には、「地元愛」「地域愛」「郷土愛」があると思います。これは、甚大な災害があってもその地域で暮らしたいと思うような、人間としての本能であると私は考えています。

今、人口減少など日本の地方都市は元気が失われつつあります。私は、郷土である知多半島が元気をなくす姿を見たくない。

「大好きな地元に戻って、自分たち中小企業の挑戦で地元を変えていきたい」

「知多半島エリアを中小企業の力で元気にしたい」

「ローカルエリアでも、笑顔あふれる未来を実現したい」

それが、社長に就任したときの想いです。

商圏を広げるのではなく、むしろ絞り込んで、地域のニーズに応える。

「目指すは究極の地域密着！」
「笑顔あふれる知多半島の未来をつくる」

これが、エネチタの掲げる経営理念です。

②「小さなエリアで大きなシェアを取る」ほうがお客様の満足度が上がるから

中小企業はリソース（ヒト、モノ、カネ、情報）が限られているので、「エリアを広げるのは得策ではない」と考えています。

愛知県全域にエリア（マーケット）を広げれば、移動コストがかかる上に営業効率が落ちるため、生産性は下がります。

2時間かけて移動をして、2時間仕事をして、また2時間かけて移動して、次の場所で2時間仕事をして、2時間かけて会社に戻ったとすると、タイムカード上は「10時間仕事をした」ことになります。しかし、利益につながる実働は4時間です（残りの6時間は移動時間）。

会社は、移動時間に対しても給料を支払うため、エリアが広くなれば経費がかさむ上、労働時間も長くなります。

一方、エリアを狭くすれば、数珠つなぎで移動、訪問できるため、営業を効率化できます。**「近い」は、大きな戦略**なのです。

また、地域を絞ってドミナント出店することで、スピード対応が可能となり、よりお客様に喜んでもらえるサービスが提供できるようになります。

「お客様の要望に対し、すぐに対応できる近さ」

これは大手にはなかなか真似ができないことでしょう。

このようなことから、私は、「会社の利益は、マーケットの広さに比例するわけではなく、シェア（マーケットシェア／市場占有率）に比例する」と考えています。

シェアを伸ばすには、「大きなエリアではなく、小さなエリアのナンバーワン」を目指すことです。

プールにインクを１０００滴たらしても、色はつきにくい。ところがワイングラスなら、たった数滴インクをたらすだけで、色がつく。それと同じです。

事業エリアを狭めたほうが「エネチタ」というインクの色は濃くなります。安定したシェアを維持できれば、知多半島におけるエネチタの認知度・存在感も上がります。

・リフォーム事業

年間2000件以上の施工実績。立ち上げからわずか6年で、売上・シェア・商品展示数のいずれも知多半島ナンバーワン。

・ガス事業

LPガス総取扱数量は知多半島ナンバーワン。

・給湯王事業

給湯器販売実績で知多半島ナンバーワン。

・不動産仲介・売買事業

不動産仲介件数・店舗数で知多半島ナンバーワン。

・フードサービス事業

２０１９年、餃子の王将フランチャイズ部門日本一。

・産業エネルギー事業

産業用エネルギーで知多半島シェアナンバーワン。

・ガソリンスタンド事業

キーパープロショップＦＣ（カーコーティング）の施工台数で知多半島ナンバーワン。

エリアを限定したほうが「質の高いサービスをスピード感を持って根づかせる」ことが可能です。エネチタは、小さなマーケットで大きなシェアを取る**「スモールテリトリー&ビッグシェア」**を狙う会社です。

「広く、浅く」ではなく、「もっと狭く、もっと深く」がエネチタの基本戦略です。

多角的に事業を展開している4つの理由

●知多半島に「なかったもの」や「より良いもの」を事業化する

エネチタは、創業時の「石炭」からはじまり、現在は、プロパンガス、ガソリンスタンド、リフォーム、不動産、飲食など多角化経営をしています。

多角化経営とは、異なる事業を複数経営することです。

ではなぜ、エネチタは多角的に事業を展開しているのか？

その理由は、次の「4つ」です。


【多角化経営をしている理由】

①地域のニーズに応えるため

②異業種のノウハウを横展開できるため
③社員に「夢」を与えるため
④潰れにくい安定した会社にするため

①地域のニーズに応えるため

「中小企業の力で知多半島エリアを元気にする」のがエネチタの目的です。そのために必要なのは、

「地域の声を反映させたサービスを提供する」

ことです。たとえば、お客様から、

「以前、地元の工務店で家を建てた。そろそろリフォームを考えているが、その工務店は時間がかかるし、料金も不透明。全国展開をしている大手リフォーム会社も検討したが、どうしても料金が割高になってしまう」

という声をいただいたのであれば、エネチタが「超地域密着型のリフォーム事業」「大手リフォーム会社よりも安く、地元の工務店よりも技術力のあるリフォーム事業」を

はじめればいい。

私たちの判断基準は、

「知多半島に暮らす人たちの役に立つか、どうか」

「知多半島に暮らす人たちが望んでいるか、どうか」

です。

役に立つことであれば、ジャンルを問わず、事業化を検討します。

「会社の平均寿命は、約25年」と言われる中、エネチタが「85年」以上事業を継続できているのは、お客様の声に合わせて、サービスを変化し続けてきた結果です。

今でも、日々のお客様の声が年間6万件

社長が6万件すべてのお客様の声に目を通す

以上届いていますが、そのすべてに社長自ら目を通すようにしています。

事業のヒントは、お客様の声にあります。エネチタが、既存または新規の分野で事業を広げてきたのは、「地域の声」を経営に反映させた結果です。

②異業種のノウハウを横展開できるため

「ライバル会社と同じこと」「業界1位が実践していること」「業界内でうまくいっていること」を積み重ねても、ライバル会社との差は縮まらないと思います。同業種の場合、どうしても既成の枠組から抜け出すことができないからです。

ただ、同一企業内に、複数の事業を持っていれば、「産業エネルギー事業で成果が出た仕組みをリフォーム事業でも実行する」など、**異業種のノウハウを横展開する事ができ、それが業界の非常識となり、ライバルと差別化できます。**

また、「ガス事業」と、「リフォーム事業」「不動産仲介・売買事業」を展開しているエネチタであれば、「住宅を売ったらそれで終わり」ではなく、「リフォーム」や「電気やガス」などの付加価値の提案もできます。

実際に、「リフォーム事業部でガス給湯器の需要をヒアリングしたあとに、給湯王事業部で給湯器の取り付けからアフターフォローまでを行う」など、各事業部が連携してシナジー効果を出しています。

新店舗を出店するための土地・物件探しも、自社に不動産部門を抱えているため、スムーズかつスピーディです。

ただ、異業種のノウハウを横展開すればすぐにシナジー効果が生まれるかと言えば、そうではありません。

私は業界のナンバーワン同士が協力し合うからシナジー効果が出ると考えています。 なぜなら業界のナンバーワンは成果が出るスタンダードをそれぞれ持っており、そのスタンダードを掛け合わせるからこそシナジー効果が生まれると考えているからです。業界のナンバー2、ナンバー4ではだめなのです。

だからこそ、エネチタは各事業で知多半島ナンバーワンを目指すのです。

③社員に「夢」を与えるため

「事業も、店舗も、これ以上増やさない」としたら、それは「会社の成長を止めること」です。会社が成長しなければ、給料は上がらない。役職も上がらない。社員のモチベーションも上がらない。

反対に、「事業と店舗をこれからも増やす」としたら、それは「会社が成長し続けること」です。成長性、将来性のある会社を目指すことで、社員に夢を与えます。

あらゆることが猛スピードで変化する時代にあって、現状維持は「後退」と同じです。事業数も店舗数も「今のまま」に甘んじていたら、その先に待つのは、倒産です。社員が笑顔で働ける会社にするには、会社を成長させなければならない。そのためにも、新しい事業に取り組んで、会社を変化させる必要があるのです。

④つぶれにくい安定した会社・安心できる会社にするため

エネチタがコロナ禍にあっても盤石だったのは、事業の柱を複数持っているからです。事業の柱がひとつしかなければ、「その事業の業績＝会社の業績」となります。その事業が赤字になれば、会社も赤字です。

ですが、事業の数が多ければリスク分散が可能です。たとえば、「コロナ禍による外出自粛でガソリン需要が減少しても、餃子の王将のテイクアウト需要は増える」など、ひとつの事業が落ち込んでも他の事業で補填できます。

会社は成長発展を続けなければいけませんが、**永遠に成長し続ける業界なんてありません**。だからこそ多角化経営は中小企業にとって有効な戦略であると私は考えています。

ジャンルを問わず、知多半島を元気にする事業を展開

●限られたエリアで、質の高いサービスを展開する

エネチタでは、現在、7事業を展開しています。

・ガス事業

知多半島において、「LPガス総取扱数量ナンバーワン」の実績を持っています。

LPガスとは、プロパン・ブタンを主成分に持つ液化石油ガスのことです。エネチタのガス事業の強みは、自社販売、自社充填、自社配送の一貫体制で行っている点です。たとえば、ライバル会社よりもガス料金を割安にできるのは、自社にガス充填施設を保有しているからです。

このことで、問屋を介さずに済むため、料金に中間マージンを上乗せする必要があ

りません。また、知多半島の中心地である阿久比町に拠点（ＬＰガスセンター知多）を構えているので、ガスのトラブルにも迅速に対応可能です（24時間３６５日対応）。

ズラリと並ぶガス配送車両

中間マージンを省くガス充填所

安心安全なガスを使っていただけるよう
スピード対応

・給湯王事業

「給湯王」は、給湯器・コンロ・エコキュートの専門店です。知多半島のみに対応エリアを絞って、お客様のもとへすぐ駆けつけられる体制を整えています（お問合せから最短30分のスピード対応）。各部門に有資格スタッフを備え、ご提案から施工、アフターメンテナンスまで一貫対応。豊富な在庫により超スピード対応を実現しています。おかげさまで、給湯器販売実績は、エリアでナンバーワンです。

給湯王東浦ショールーム

給湯王大府ショールーム

豊富な在庫を取り揃えて、
スピード対応でご提案

・産業エネルギー事業

産業エネルギー事業では、軽油、灯油、重油、潤滑油の配送を行っています（おもに法人を対象として工場、工事現場などに軽油・灯油、重油、潤滑油を配送）。

知多半島随一のオイルターミナル（燃料油20万リットルを備蓄）と、10台の自社のタンクローリーによる供給システムを構築しています。

知多半島随一のオイルターミナル

自社のタンクローリーにて自社供給

産業エネルギー事業部で働くスタッフ

・ガソリンスタンド事業（ガソリンスタンド6店舗、キーパープロショップ3店舗）

６店舗の出光ガソリンスタンドを展開。フルサービススタンド２店舗と24時間365日営業のセルフスタンド４店舗を運営し、お客様のカーライフを支えています。また、キーパーコーティングのプロショップを知多半島で３店舗構え、キーパーフランチャイズとして知多半島でナンバーワンの施工台数を手掛けています。

出光セルフ知多

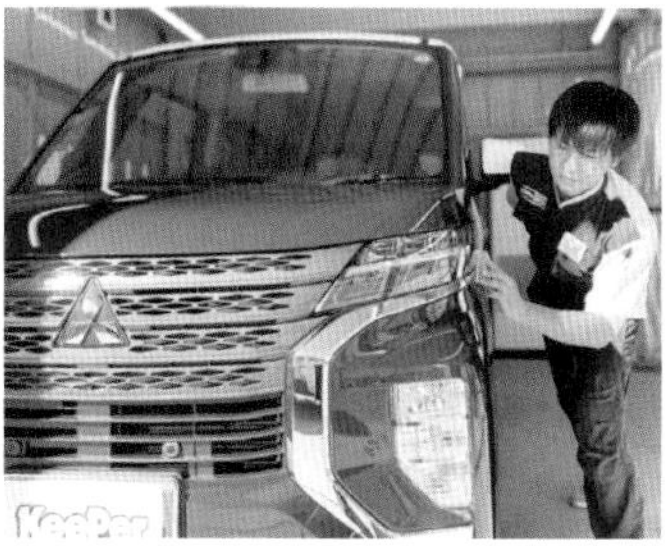
コーティング施工台数
知多半島 No.1

お客様の快適なカーライフを
サポート

・リフォーム事業（ショールーム3店舗）

水回りの専門ショップでは、水回り商品を見て触っていただける商品展示台数は81台と知多半島最多を誇っています。専門ショップは、リフォームでのトラブルのご用命も増えたことから立ち上げました。一般的にリフォームは、工事前に完成品を見る

エネチタ半田ショールーム

見て触って体感できる
知多半島最多の展示品

実際に展示品をご覧いただき
ご提案させていただく

ことができません。そこで、お客様に完成品をイメージしていただくため、チラシやホームページに掲載している商品をそのまま見て、触って、体感できるショールームとしてオープンしたのです。

ショップでは、専門スタッフが厳選した「キッチン・お風呂・トイレ・洗面台」などの商品を展示しており、現在、半田市、東海市、大府市にリフォームショールームがあります。

・不動産仲介・売買事業（ショールーム5店舗、買取専門店3店舗）

「ハウスドゥ」を5店舗運営し、一戸建てやマンション、土地などの不動産を「買いたい」というお客様と、「売りたい」というお客様を結びつけています。

物件数は、知多半島ナンバーワンです。圧倒的な情報量と新鮮な物件情報をタイムリーに届けるとともに、店舗もきれいで若い人でも入りやすい雰囲気づくりを心がけています。

不動産仲介を担当する新卒4年目の青木悠は、不動産仲介業を「お客様の人生に関わる仕事」と考えています。

「私はなかなか契約が取れず、上司、先輩方に迷惑をかけていましたが、何度も提案していたお客様からはじめて契約をいただいたときは、本当に嬉しかったです。

ハウスドゥ 東浦・阿久比

女性エージェントとして
全国表彰を受けるほどになった青木悠

物件情報は、iPad でスマート検索

お客様から、『この家に住めることになって本当に嬉しい。紹介してくれてありがとう』と言っていただけました。

お客様は、『私が紹介した家に一生住む』わけですから、『お客様の人生に関わる買い物のお手伝いができた』ことをとても誇りに思います」（青木悠）

・フードサービス事業（餃子の王将4店舗）

2012年に、知多半島初となる「餃子の王将」をオープン。現在、4店舗運営しています。

東浦店と東海店には、王将初となるタッチパネルのメニューを導入。お客様を待たせることなく、リアルタイムでオーダーを通すことができます。

このシステムは、「餃子の王将」本部から表彰していただき、その後、王将の多くの店舗で実用化されています。

また、半田やなべ店は、日本初のドライブスルー対応店です。

前例のないドライブスルー化に踏み切ったのは、たくさんのお客様から「車から降りないで買える仕組みはできないの？」という意見をいただいたからです。コロナ禍によるドライブスルーの利用頻度は、明らかに増えています。

注文時や会計時の非接触化を図ることで、お客様の利便性向上だけでなく、店舗のデジタル化・省人化にもつながっています。

全国初ドライブスルー店舗
餃子の王将半田やなべ店

餃子の王将半田やなべ店のドライブスルー

スタッフの感じの良さも人気の秘密

お客様満足度を上げるために、「やらない」と決めていること

●「専門店化」でお客様満足度を上げる

「地域の役に立つことなら、やってみる」のがエネチタのスタンスです。
しかし一方で、「やらないこと」も決めています。

【エネチタがやらない3つのこと】

①広く浅くの「なんでも屋」にはならない
②「地域特性」を無視したビジネスはしない
③「価格競争」はしない

①広く浅くの「なんでも屋」にはならない

日本の大衆消費社会をリードしてきたのは、団塊世代（1947年〜1949年に生まれた世代）が、30代から50代だったころです。そして、団塊世代の消費の高まりによって誕生したのが、百貨店やスーパーマーケット、つまり、「1ヵ所で何でも買える」という業態でした。

現在、団塊世代が70代に入り、消費の主役は、団塊ジュニア（1971年〜1974年に生まれた世代）に移っています。

団塊ジュニアは、幼少期から百貨店やスーパーマーケットに馴染んでいるため、「なんでも売っているが、それぞれが少ししかないお店」より「特定のカテゴリーに特化して、品数やレア商品なども揃えているお店」を好む傾向にあります。たとえば、カレーを食べたくなったとき、喫茶店に行くのが団塊世代。カレー専門店に行くのが団塊ジュニアです。

エネチタでは、この団塊ジュニア以降のニーズに合わせて、各事業の「専門店化」を進めています。

エネチタは複数の事業を展開しているため、「広く、浅く、いろいろなことをやっている会社」だと思われてしまいがちですが、各事業で提供するサービスは「狭く、深く」なのです。

「狭く、深く」とは、「専門店化する」ことです。

【「狭く、深く」の一例】

・リフォーム

主力メニューは、「水まわり」（キッチン、お風呂、洗面、トイレ）。

当社の「キッチン専科」は知多半島初のキッチン専門店となる。

専門店として圧倒的な展示品数の「キッチン専科」

・給湯王

給湯器・コンロ・エコキュートに特化した専門店。豊富な在庫と他社を圧倒するスピード対応でお客様のお困り事を解決。

・ガソリンスタンド

タイヤ交換、ボディコーティングの2つに特化。コーティングに関しては、専用のブースを併設。点検整備や車検は手がけない。

・不動産事業

たとえば大手仲介業者が知多常滑店を出店しているとすると、エネチタは知多店、常滑店と分ける。このように、知多半島という狭いエリアでも徹底的に細分化して出店し、地域に根差したサービスを展開することで「この地域だったらエネチタだ」と安心して任せてもらえるようになる。

給湯器・エコキュート・コンロの
展示数は知多半島 No.1

専門店化に踏み切ると、
・エネチタの強み（得意なこと）が明確になる。
・品質が上がる。
・サービスのスピードが上がる。
・お客様満足度が上がる。
・オペレーション効率が良くなる（作業の無駄が減る）。
・クレームが減る。
・ミス（ロス）が減る。
などのメリットがあります。

●付加価値を高めてお客様満足度を上げる

②「地域特性」を無視したビジネスはしない

同一半島内にあっても、知多半島の5市5町は地域特性が異なるため、特性に応じた対応が必要です。この特性は大手企業が持っているような情報やデータではなかなかつかめないものです。

「このエリアの人の移動経路は、こうだ」「このエリアの人は、主要道路よりも生活道路（住宅などから主要道路に出るまでに利用する道）を頻繁に使う」など、地域に根づいた会社だからわかる、地域の生活のあり方・考え方、消費面の特徴、市場規模、競合の数や状況、自然や風土の特徴などを踏まえながら、地の利を経営に活かしています。

③価格勝負はしない

エネチタの販売価格は、おおよそ、「競合する激安店よりも、少し高い価格」に設定しています。

ライバル会社に勝つために（ライバルのシェアを奪うために）、「値引きすればいい」と考えるのは早計です。

そこでエネチタでは、過度な値下げはせず、そのかわりに「価格以上の付加価値」を提供しています。

「激安店よりも価格は少し高い。けれど、付加価値（サービス）を上げてお客様満足度を高める」のが狙いです。全体の契約率は70％～80％で、この数字からもお客様に圧倒的な支持をいただいていると考えています。

私は、**「商品が売れるか売れないかは、販売価格で決まるのではない。付加価値があるかないかで決まる」**と考えています（付加価値には、社員の人間性も含まれます）。

たとえば、エネチタが運営するセルフスタンドでは、ドライブスルー洗車がご好評をいただいています。

洗車料金はライバル店よりも「高い」のに、それでもお客様がエネチタを選んでくださるのは、

「洗車後の拭き上げ用タオルと、タイヤワックスを無償で貸し出す」

「お客様のカーライフを快適にするためのアドバイスをする」

「礼儀正しさ、挨拶、笑顔など、さわやかな接客をする」

といった付加価値を提供しているからです。

また、給湯王事業では他の激安店よりも価格が少し高いにもかかわらず、契約率は90％もの数字を誇っています。これは、「対応のスピード」「保証サービス」、そしてスタッフの「人間性」にお客様が付加価値を感じてくれているからだと考えています。

ブランディングに力を入れて、「いつでも思い出していただける」努力をする

●知多半島をオレンジ色に染める

父の死後、お客様獲得のために「飛び込み営業」をしていたとき、私は幾度も、「ブランディングの重要性」を痛感しました。

「はじめまして。燃料の大和（だいわ）です」

と挨拶をしたところで、

「大和？　大和って証券会社の？　株とか興味ないから」

「大和？　大和って何？」

「おたくのこと知らないから、さっさと帰ってくれないかな」

と、まるで相手にされません。

何度も、何度も、何度も断られ、私は、

「トヨタとか、郵便局とか、誰もが知っている会社だったら、きっと話を聞いてくれるのだろうな」

「名前が知られていないというのは、こんなにも惨めなのか」

と、忸怩《じくじ》たる思いにかられました。そして、

「若い社員には、今の自分のような思いをさせたくない」

「社名を聞いただけで信頼してもらえる会社をつくりたい」

と考え、ブランディングに注力することにしたのです。

エネチタには、大手上場企業のようなネームバリューはないため、お客様に選んでいただくには、エリア内の「知名度」を上げる必要があります。

そこでエネチタでは、ブランディング戦略（広報戦略）に力を入れています。

戦略の基本は、

「コーポレートカラーをさまざまな場所で使い、知多半島をオレンジ色に染める」

ことです（笑）。

【知名度を上げるための取り組み】

・社名変更する
・コーポレートカラーを設定する
・膨大な数の看板を設置する（150本）
・社用車110台をコーポレートカラーでラッピングする
・エネチタの象徴として、ゆるキャラ「エネチーター」を登場させる
・「ここえね通信」という地域情報誌を無料配布している

・社名変更

エネルギーの分野を中心に、知多半島に根ざしてきた株式会社大和（エネチタの前身）。これまでの事業と今後の事業の展開を多角的に分析し、2011年、社名を「株式会社エネチタ」に変更しました。

「**エネ**ルギー事業を起点とした会社であること」

「**エネ**ルギッシュに**知多**半島を牽引する会社を目指していること」

から、エネチタと命名しました。


当時、「大和」の知名度は低かったとはいえ、80年続く老舗企業の社名を変えることは、非常に勇気のいる決断でした。社名を変えることは、「受け継いできたものを手放す」ことにもなるからです。

変えるか、変えないか。

葛藤の末、私は「変える」決断をしました。

創業者が私に託したのは、

「社名を守ること」

ではなく、

「会社や従業員を守ること」

だと気づいたからです。

「大和」という社名にこだわり、ブランディングもせずに苦しい経営を続けていては、従業員を守ることはできません。

私は、妻とともに創業者のお墓を訪ね、

「会社を良くするために、変えさせてください」

「絶対に、従業員を守ってみせます」

と不退転の決意を伝えたのです。

・コーポレートカラーを設定する

「万人受けする色」「嫌う人が少ない色」をコーポレートカラーに設定。

「喜び」「親しみ」「元気」「明るさ」といったポジティブな印象を持つ「オレンジ」に、「熱く行動していく」という想いを込めて「赤」をミックス。

「ネ」の部分にはアクセントとして「緑」を足し、「地域へのやさしさ」をイメージしています（71ページ右下写真参照）。

・膨大な数の看板を設置する（150本）

当社では、看板を広報戦略の柱と位置づけています。

事業エリアが愛知県全域であればテレビコマーシャルも効果的ですが、当社は知多半島限定。車社会のこの地域に当社のブランドを浸透させるには、

「道路看板が一番目立つ」

「道路看板なら、生活者の目に毎日触れる」

という結論に至りました。

あくまでも「社名を知っていただく」「『エネチタって何屋だろう？』と気にしていただく」ことが目的なので、社名ロゴのみを見やすく配置した超シンプルなデザインにしています。看板を設置する場合、一般的には、「交通量の多さ」を優先して設置場所を決めます。ですが、当社では、交通量はさほど重視していません。

設置場所の優先順位は、

「①視認時間（長く目に留まる）→②単独看板（周囲に看板がない）→③大型可能→④ライバル店舗付近→⑤交通量→⑥価格」

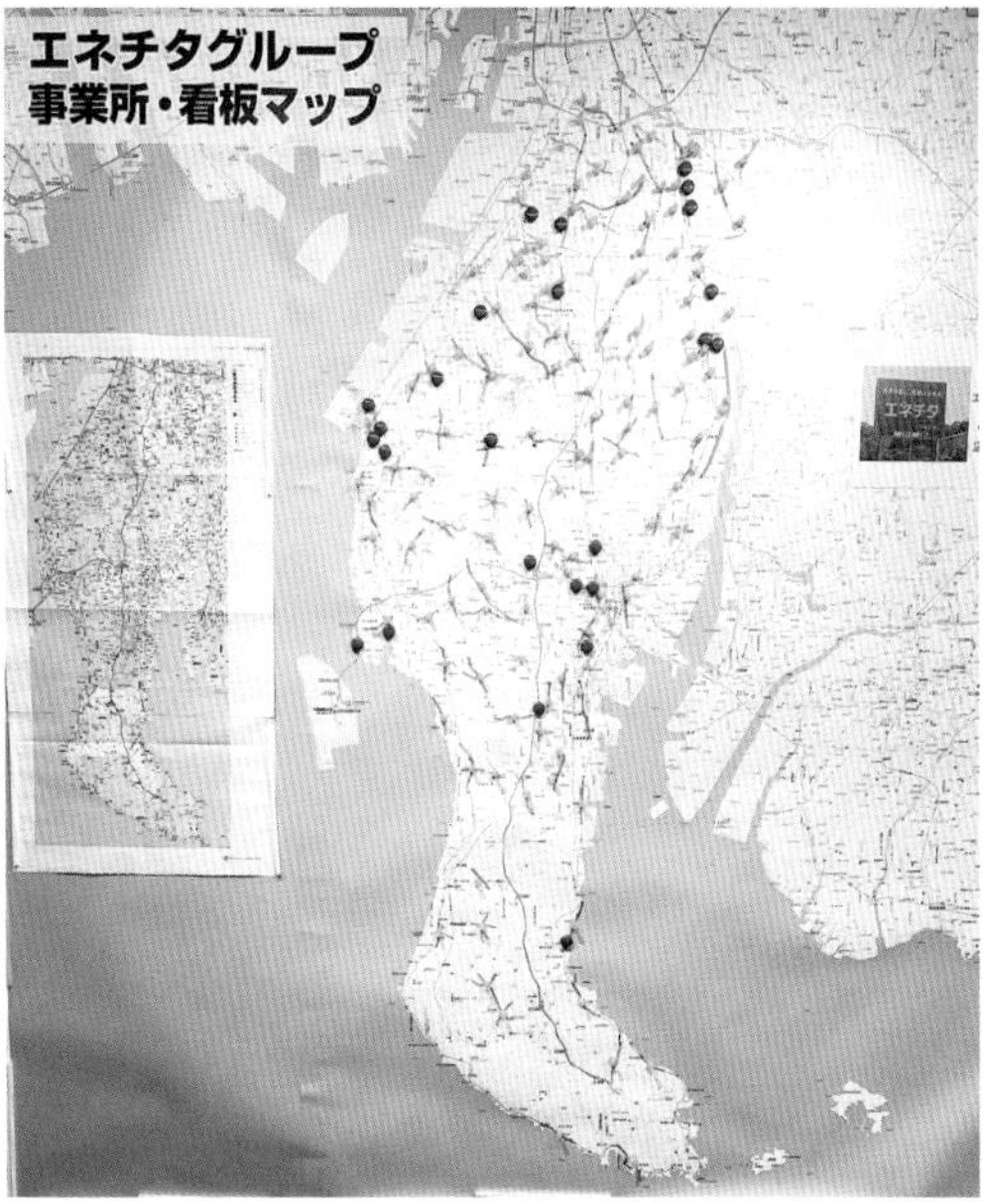

知多半島内に150ヵ所以上の看板を設置して
ブランディングを図る

マンションの
屋上にも設置

看板は両面に取り付け双方から
見ることができるようになっている

オレンジの社用車が地域を走ることでブランディング

です。「車による移動頻度が高い」という地域特性を踏まえ、看板はすべて路面に設置。駅や公共施設には設置していません。

看板を設置したことで知名度が上がり、とくに、

「チラシの反響」

「ホームページの反響」

「新卒採用に応募する学生の数」

が増えています。

・社用車をコーポレートカラーでラッピング

社用車（約110台）にカーラッピングを施しています。カーラッピングとは、プリントしたフィルムを車体に貼って、車を

装飾する手法です。

移動時間に、宣伝やブランディングという付加価値をつけることができます。

・エネチタの象徴として、ゆるキャラ「エネチーター」を登場させる

地域のイベントなどでも人気の
２代目エネチーター

エネチタを擬人化したのが、エネチーターです。ゆるキャラは「ドラマ性、エンターテイメント性を与えるメディアのひとつ」です。エネチーターは、エネチタのブランド価値をＰＲし、多くのファンを獲得するための広報部員として活躍しています。

ちなみにエネチーターには、速さの象徴であるチーターから、お客様のもとに早く駆けつけるという意味と、チーターは狩りもするので、狩りのごとく、目標を持ったらそれをとことん追いかけるという意味が込められています。

・「ここえね通信」という地域情報誌を無料配布

エネチタでは、『ここえね通信』という地域情報誌を発行。エネチタグループのサービスをご利用いただいたお客様に、「2ヵ月に1度」無料配布しています（会員制。2021年10月時点で会員数は3万5000世帯以上）。

『ここえね通信』では、おもに「2つ」の情報をお届けしています。

①地域のお役立ち情報

知多半島がもっと好きになるをテーマに、「地域のイベントガイド」「おでかけ情報」、エネチタスタッフがごひいきにさせていただいている「ごひいき店レポ（グルメ情報）」

「リフォームのビフォーアフター」などを掲載しています。

②エネチタを知っていただく情報

また、エネチタを知っていただくために「エネチタの事業紹介」「従業員募集の告知」「お客様の声からのかいぜん広場」（お客様から寄せられたエネチタへのご要望と、具体的な改善内容を紹介）、「社長の徒然日誌」などを掲載しています。

「社長の徒然日誌」は、「後藤康之」を身近に感じていただくためのコラムです。私は「社長の顔、社長の考えを知っていただくことが、会社とお客様の信頼関係につながる」と思っています。

【社長の徒然日誌の一例】

〈良い行い〉

良い子ども、悪い子どもと大人が無責任に批判をする権利は無いと思います。

なぜなら、子どもは大人のする事はしっかり見ていても、口で言うことは聞いてないからです。

その前に、私たち大人が襟を正さないと良い子ども達、しいては良い世の中にならないと思います。

会社も例外ではありません。

良い会社や、悪い会社はありません。

良い社員や、悪い社員もありません。

あるのは良い社長か、悪い社長だけだと思います。


良い行いでわかりやすいのは掃除だと思います。

簡単だけど、続けるのはしんどい。

でも続けていくと、風土が良くなると感じています。

心の教育や、考え方の教育をするより、手や体を動かしていくほうがシンプルで効果的な教育です。

私も良い行いができる社長を目指しています。

インターネットの時代、デジタルの時代でありながら、『ここえね通信』はアナログであること、つまり、「紙媒体」（小冊子）であることにこだわっています。

「紙」には安心感と慣れがあり、地域に密着したサービスや情報を直接届けることができます。小冊子であれば、デジタルではつながりにくい層にも訴求可能です。

ここえね通信の創刊号

現在は年に6回発行。
地域のイベント・スポット
情報なども掲載している

第2章

ここまで人気！
エネチタの新卒採用

エネチタの成長の源泉は、積極的な新卒採用にある

●新卒社員の入社が会社を元気にする

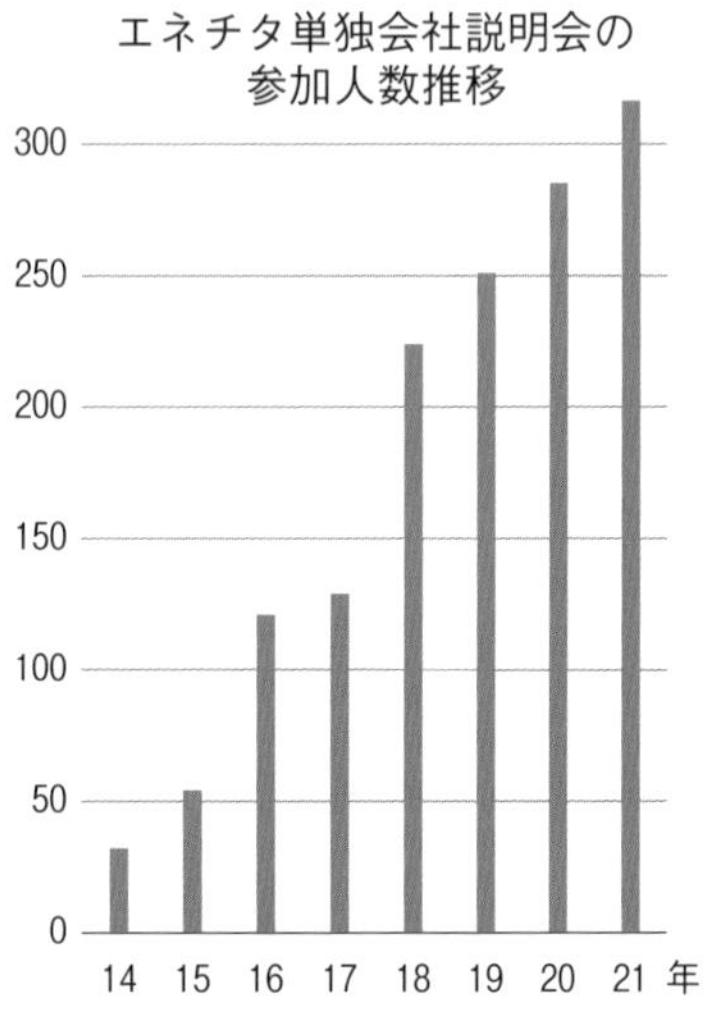

上のグラフはエネチタが単独で行ったトップライブ（単独会社説明会）の参加者の推移です。

これをみると２０１４年はわずか32名だった参加者は、２０２１年は３１２名（9倍以上）に増えており、毎年増加していることがわかるでしょう。

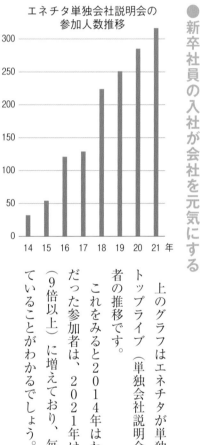

トップライブは予想以上に学生が来場したため急遽増席

中小企業の多くは、新卒採用に消極的です。

「中小企業の採用競争力は大企業に劣る」

「新卒採用に費用がかけられない」

「新卒採用のノウハウがない」

「新卒を採用しても、どうせすぐに辞められてしまう」

「新卒よりも中途社員を採用したほうが、即戦力になる」

「名もない中小企業に就活生が興味を示すわけがない」

といった理由からです。

ですが私は、

「新卒採用に力を入れなければ、中小企業

は生き残れない」

「新卒社員が入社しなければ、知多半島を元気にできない」

「新卒採用をしなければ、経営改革・業務改革は進まない」

と確信しています。


エネチタの成長の源泉は、積極的な新卒採用にあります。

ではなぜ、新卒社員が入社すると、会社が成長するのでしょうか。

それは、新卒社員が多くなるほど、「社長の決定や方針が即座に実行されるから」です。

●新卒社員とは「社長の決定を素直に受け入れ、行動できる社員」

中途社員だけで人材を補充すると、組織の改革スピードが失われてしまいます。中途社員は、社会人経験がある分、新しい環境に適応するのに時間がかかるからです。

中途社員には、前職時代のスキル、成功体験、スタイルがあります。したがって、前職の仕事のやり方を持ち込もうとします。

ですが、新しい環境に移れば、成果を生み出すための考え方も、行動も変わります。前職で挙げた実績や経験を手放すのは容易ではないため、前職とエネチタのギャップを埋める（エネチタのやり方を覚える）には時間が必要です。

一方、新卒社員は、前職の経験がありません。ゼロベースで教育できます。

何色にも染まっていない上に、

「エネチタはどういう会社か」

「エネチタに入ると、どのような仕事をするのか」

「社長の後藤康之は社員に何を望んでいるのか」

を理解した上で入社してくるため、エネチタの価値観をすみやかに身につけさせることが可能です。

エネチタにとって**新卒社員とは、「社長の決定を素直に受け入れ、行動できる社員」**

のことです。

社長と社員の価値観が揃っていれば、新型コロナウイルス感染症のように、「会社の存続を揺るがす事態」が起きたときでも、一丸となって対策を講じることができます。

また、**新卒採用は、「先輩社員の成長」をうながす仕組み**でもあります。

新卒社員が入社すると、「先を越されたくない」「しっかりしなければいけない」「先輩として恥ずかしくない仕事をしたい」と先輩社員が刺激を受け、お互いに切磋琢磨します。

会社が生き残る鍵は、「変化する市場・お客様に、自社を対応させていけるかどうか」にかかっています。そのためにも、「社長の決定を素直に受け入れ、行動できる社員」＝「新卒社員」を増やす必要があるのです。

トップライブに「300名」以上もの就活生が集まるようになった理由

●「採用に関する方針」を決め、採用活動をノウハウ化

新卒活動をはじめたのは、2007年からです。当時、学生の間でエネチタの人気度・知名度は、ほぼゼロでした（笑）。

トップライブ（単独会社説明会）を開いても学生は集まらない。定員70名の会場に、わずか「2名」しか参加しなかったこともありました（会場が広すぎて居心地が悪く、結局、喫茶店に移動しました）。ですが現在は、この章の冒頭で紹介したグラフを見てもわかるようにトップライブにここ最近は300名程度の学生が集まります。

エネチタが学生の目にとまるようになった理由は、おもに「3つ」あります。

①看板による認知度の向上

ひとつは、「知名度を上げるためのブランディング戦略が功を奏した」ことです。知多半島内の大学周辺に看板を数多く設置した結果、学生の目を引くことができました。知多半島出身の就活生に限ると、「約8割」が認知経路として「看板」を挙げています。

②採用に関する方針を策定

2つ目の理由は、経営計画書に「採用に関する方針」を明記し、採用活動の進め方をルール化したことです。

経営計画書とは、エネチタの経営理念、長期事業構想、社員教育、人事評価、採用、クレーム対応、資金運用、実行計画など、会社の方針と数字が明文化された手帳型のルールブックです（経営計画書については、第3章でも紹介します）。

③エネチタブランドを感じてもらう

最後は学生のみなさんにエネチタの社員は「感じがいい」と感じてもらうことです。これは実際に会社説明会に来ていただければわかることですが、どこのブースの社員よりもエネチタの社員は「感じがいい」と自負しています。なぜなら**エネチタブランド＝「感じがいい人」**という社員教育を徹底してやっているからです。

会社説明会時のアンケートを見ても、エネチタの印象は「明るい」「楽しそう」「笑顔」といった印象の内容が9割を占めています。

リフォーム事業部、2018年新卒社員の中村文香もエネチタ社員の人柄で入社を決めた一人です。

「職場見学で実際に働いている先輩方とお話したり先輩方同士のやり取りを見たりして、会社全体で仲がいい雰囲気を感じ入社を決めました。実際に入社しても、他事業部の方が気にかけてくれたりと、事業部関係なくどなたにお会いしても感じがいいです」（中村文香）

【採用に関する方針】 ※経営計画書の一部を抜粋して紹介

1　基本

(1)価値観を共有できる人を優先して採用する。
(2)採用窓口は人財やる気課が行い、必要に応じて各事業部は積極的に採用活動に協力する。
(3)現実・現場・現物を数多く体験させ、良いところ、悪いところを見せる。
(4)過去の会社や他人のせいにする人は採用しない。
(5)面接は必ず2名で実施し、女性の社員やパートを面接する際、一緒に働く女性社員が必ず同席すること。

エネチタでは、新卒採用に関して、「やらないこと」と「やること」を明確にしています。「これは、やらない」「こういう人材は採用しない」「こういう人を採用する」と基本方針を決めたことで、「辞めない人材」「エネチタに適した人材」を採用できるようになりましたし、通年での採用戦略も立てやすくなっています。

毎年恒例！　社長・先輩社員も参加しての内定者 BBQ

中小企業の社長の多くは、「新卒採用＝人事部（人事課）の仕事」と考えています。ですが、エネチタでは「人財やる気課」を中心に、各事業部が積極的に採用活動に取り組んでいます。「自分たちの仲間になる新卒社員を、自分たちが選ぶ」のが基本です。

2　採用基準

(1) 新卒採用

・学歴や成績は、参考程度にしか評価しない。

・内定者アルバイト、内定者研修に参加できない人は採用しない。

「基本方針」「採用基準」「内定者、中途採用社員の研修」など、採用に関するエネチタの方針を決めたことで、「学生をどうやって集めるか」「集めた学生をどうやって選定するか」が明確になりました。

社員が採用のルールを共有した結果、効率的に採用活動ができています。

就活支援サイト、会社説明会、SNSを利用して就活生を集める

●就活生を集める8つの方法

就活生を集める方法は、おもに「8つ」です。

①就活支援サイト
②自社の採用サイト
③合同会社説明会
④インターンシップ
⑤トップライブ（単独会社説明会）
⑥バックヤードツアー

⑦ＳＮＳ
⑧大学訪問

①就活支援サイト

就活支援サイト（リクナビ、マイナビなど）に広告を出すと、企業としての信頼度が増し、就活生にとっての安心材料になります。

また、「いつ、どこの大学から、どんな人材が、どれだけエントリーしてきたのか」など、就活生のデータを一元管理できます。これらは非常に高額ですが、お金をかけて新卒採用するのが正しいと私は考えています。

②自社の採用サイト

就活支援サイトや求人広告（求人雑誌、大学の就職課、ハローワークなど）よりも詳細な「採用情報」を提供（https://www.enechita.co.jp/fresh_recruit/）。

就活支援サイトとは違い、テンプレートが用意されているわけではないので、自社

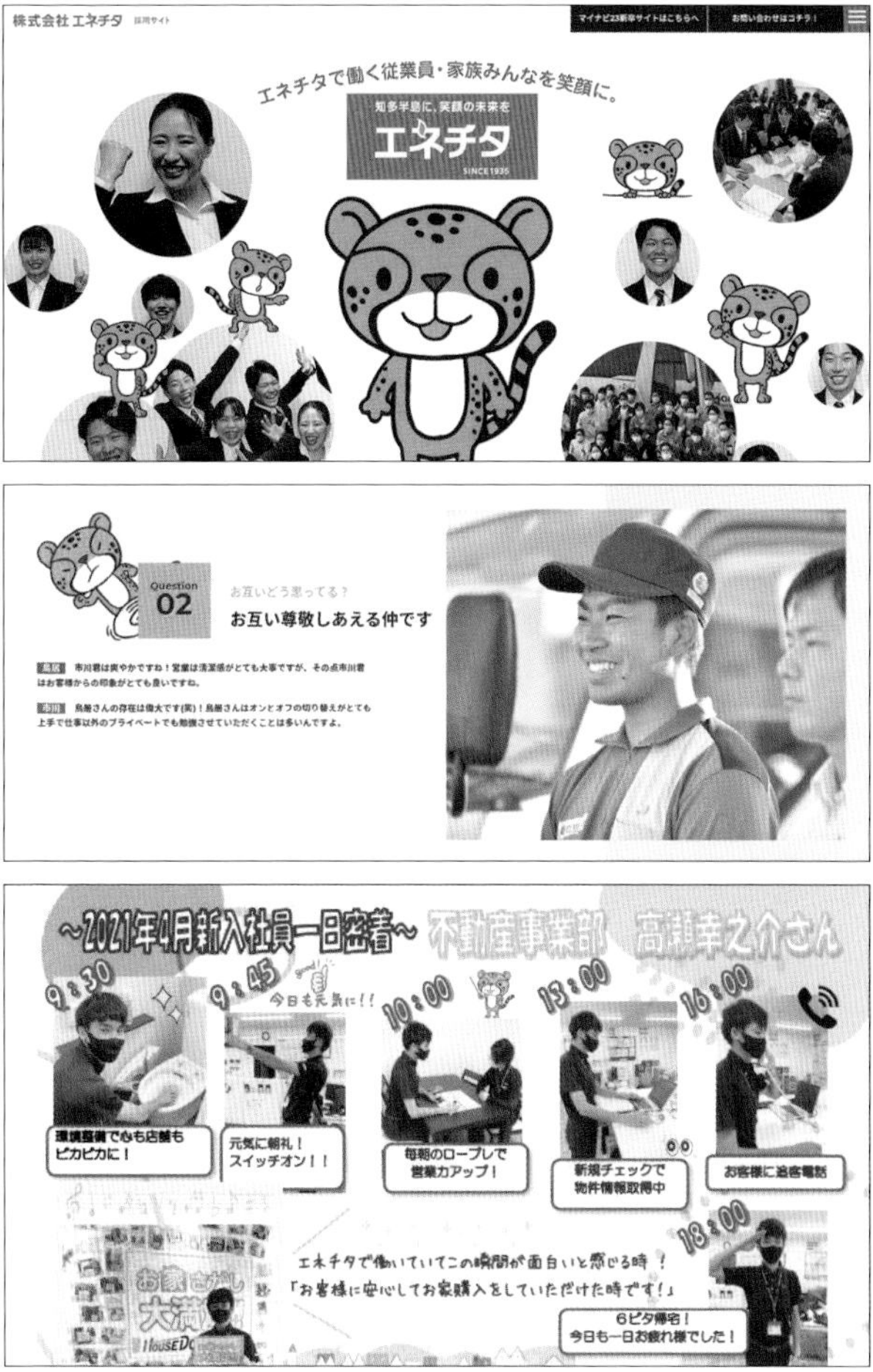
株式会社 エネチタ
採用サイト
マイナビ23新卒サイトはこちらへ
お問い合わせはコチラ！
エネチタで働く従業員・家族みんなを笑顔に。
知多半島に、笑顔の未来を
エネチタ
SINCE1935
Question
02
お互いどう思ってる？
お互い尊敬しあえる仲です
～2021年4月新入社員一日密着～
不動産事業部　高瀬幸之介さん
9:30
環境整備で心も店舗もピカピカに！
9:45
今日も元気に！！
元気に朝礼！
スイッチオン！！
10:00
毎朝のロープレで
営業力アップ！
13:00
新規チェックで
物件情報取得中
16:00
お客様に追客電話
18:00
エネチタで働いていてこの瞬間が面白いと感じる時！
「お客様に安心してお家購入をしていただけた時です！」
6ピタ帰宅！
今日も一日お疲れ様でした！

エネチタの採用サイト

の強みを自由にアピールすることが可能です。

エネチタの採用サイトは、次の「3つ」のコンテンツを充実させて、「自社の現場、現実をありのまま見せる」「自社の社員のリアルな姿を伝える」ようにしています。

・**「仕事」を知る**
エネチタの業務内容を紹介する。
・**「働く人」を知る**
1日の仕事の流れを紹介する。
・**「会社」を知る**
事業内容、福利厚生、社員研修、評価制度など、人材育成の取り組みについて紹介する。

エネチタのブースはいつも賑やか

③合同会社説明会

合同会社説明会に出展すると、

・自社や業界に興味のなかった学生を振り向かせることができる。
・他企業のアピール方法を参考できる。
・就活生にエントリーをうながし、後日開催する「トップライブ（単独会社説明会）」へ誘導できる。

といった理由から、大きな期待ができます。一度出展したくらいでは知名度・認知度は上がらないため、採用目標人数から何回出展すれば当社に興味を持つ学生を十分に集められるかを逆算し、毎年出展回数を決めています。

④インターンシップ

インターンシップとは、「企業が学生に就業体験の場と機会を提供する制度」です。エネチタでは、当社を知っていただくユニークな企画を用意しています。

【インターンシップのおもな目的】

・エネチタの概要・取り組みを知る。
・グループワークを通して、ＰＤＣＡサイクルの回し方を学ぶ。
・参加者との意見交換を通して、コミュニケーションの取り方を学ぶ。
・社会人に必須の「報・連・相」を身につける。

「２０２３年新卒」を対象としたインターンシップは、「企業ＣＭをつくろう」です。地域に愛されるエネチタが、さまざまなノウハウを活用し、社会人にとって欠かせない「伝える力」を伝授します。

参加者には、「企業側の立場で、どうやったら学生にエネチタをアピールできるか」

毎年大勢の学生がインターンシップに参加

職場見学を通じてCM作成のネタ探し

を考えていただきます。

CM作成の「ネタ集め」として、

「会社概要・事業部紹介・福利厚生・内定者研修などの説明」

「本社の職場見学」

を行い、エネチタの「現場、現実」を知っていただきます（グループごとに撮影し、発表）。

⑤トップライブ（単独会社説明会）

自社の「ありのままの姿を知ってもらう」ためには、単独会社説明会への誘導が不可欠です。単独会社説明会は、就活生が企業の見極めを行う場として重要です。

自社以外の企業がいないため、自社の魅力を存分にアピールできます。

エネチタの選考に進むには、単独会社説明会に進むことが必須になっています。

エネチタの単独会社説明会では、社長の私が自ら登壇しています。

中小企業とはいえ、「社長」の言葉には重みと説得力があります。とくにエネチタ

社長が登壇するトップライブは満足度98%

は「社長と社員の価値観を揃えること」に重点をおいているので、就活生に「後藤康之の顔」を見せ、「後藤康之の声」を聞かせ、「後藤康之の考え方」を知ってもらうことが大切です。「会社はどこで働くか?」ではなく、「誰と働くか?」が重要です。その「誰」とは、一番わかりやすいのが社長なのです。

⑥バックヤードツアー

単独会社説明会のあとは、会社見学ツアーを実施。修学旅行で使うような大型バスでエネチタの各事業所を回り、「現実、現場」を体感していただくことが目的です。

新入社員が入社早々に「辞めたい」と思うのは、入社前に抱いていた理想と、入社後に味わった現実との間に、大きなギャップを感じるからです。

そこでエネチタでは、就活生に「エネチタの良いところも、改善すべき課題も、すべて隠さず、ありのままを見せる」ことを徹底しています。自社を良く見せようとし

ここまで見せるか！
エネチタバックヤードツアー

本社と店舗での職場見学を実施

バックヤードツアーでは
社内の裏の裏まで紹介

て、取りつくろうことはありません。

下手に取りつくろうと、新卒社員は入社後、「こんなはずではなかった！」「騙された！」と不満を覚えます。

そうならないために、最初から**「ありのままの姿」「偽りのないエネチタの姿」**を見せています。

すべて包み隠さずにオープンにして、その上で、「こういう会社ですが、それでもよろしければ、選考に進んでください」と学生に選択を委ねています。新卒社員は、「エネチタはどんな会社か」を承知した上で入社しているので、早期退職を防ぐことができます。

⑦SNS

SNSで情報収集をする就活生が増えているため、SNS（フェイスブック、ツイッター、インスタグラム、LINE、YouTube）を使った採用を開始しています。

「エネチタの社員はみんな仲がいい」

「エネチタは人を大切にしている」「エネチタの社員は明るくて元気がある」ことを知ってもらうために、社内行事の様子も随時更新しています。

⑧大学訪問

エネチタでは採用担当が内定者と一緒に大学訪問を行っています。

この大学訪問では、まずキャリアセンターご担当者様へ内定者との素敵なご縁をいただけたことへの感謝をお伝えし、内定者の見学ツアーや面接の様子、これまでのやりとりなどの話をさせていただきます。卒業生の社員にも一緒に訪問をしてもらい、

内定者・卒業生の社員も同行しての大学訪問

社員の入社後の活躍ぶりやこれまでのさまざまな取り組みについて大学側にお伝えすると大変喜んでいただけます。キャリアセンターのご担当者様から内定者や社員の学校での様子やサークル活動、部活動でのお話を聞くこともでき、これまで知ることのできなかった内定者の新たな一面を知ることができる貴重な機会でもあります。また、会社の規模感や社風、取り組みなども一緒にお伝えさせていただくことで、次年度の学生さんに向けて学内合同説明会の出展や当社インターンシップのご案内の場にもなっています。

能力、学歴、成績よりも「価値観が合う人」を採用する

●強い組織をつくるために、社員の価値観を揃える

エネチタでは、「能力のある人、成績優秀な人、高学歴な人」よりも、「価値観を共有できる人」を優先して採用しています。エネチタの採用では、能力も学歴も成績も参考にすぎません。

・価値観……社風、組織風土、文化、社内の雰囲気、社長の考え、会社の方針など。

中小企業にとって大切なのは、「価値観を揃えること」です。

価値観が揃っている状態とは、

「社長と社員が同じ優先順位で行動する状態」

「社長と社員が同じ判断基準で行動する状態」

のことです。


【価値観を揃えたほうがいい理由】
・社長の決定がすみやかに実行される。
・ライバル会社より「個人の能力」では劣っていても、組織力で勝負できる。
・お客様の問い合わせに対して、誰でも均一な返答ができる。
・社内の誰が対応しても、お客様が一定レベルのサービスを受けられる。

強い組織をつくるには、「均一である」＝「全員が同じ価値観を持つ」ことが不可欠です。したがって新卒採用では、

「エネチタの文化や会社の考え方に共感できるかどうか」

を重視します。

ただ、共感はしてほしいですが、考えや文化に染まってほしいとまでは思っていません。当社の社員を見ていただくとすぐわかるかと思いますが、エネチタには、個性豊かな人たちが集まっており、よくエネチタ動物園と言われます（笑）。

私は社長として、その一人ひとりの個性を活かすよう経営をしているつもりです。なぜなら**それぞれが個性を発揮することで「知多半島を元気にする会社」になれる**と考えているからです。

また当社は、「知多半島を元気にする会社」ですから、就活生から「知多半島の出身ではないのですが、ダメでしょうか？」と質問をいただくことがあります。

繰り返しになりますが、エネチタが求めているのは、知多半島出身者ではなく、「当社の理念や考えに共感していただける人」です。よって毎年、全国から就活生が集まってきています。

社員全員の思考特性がわかるようになっている
エネチタ EG ギャラリー

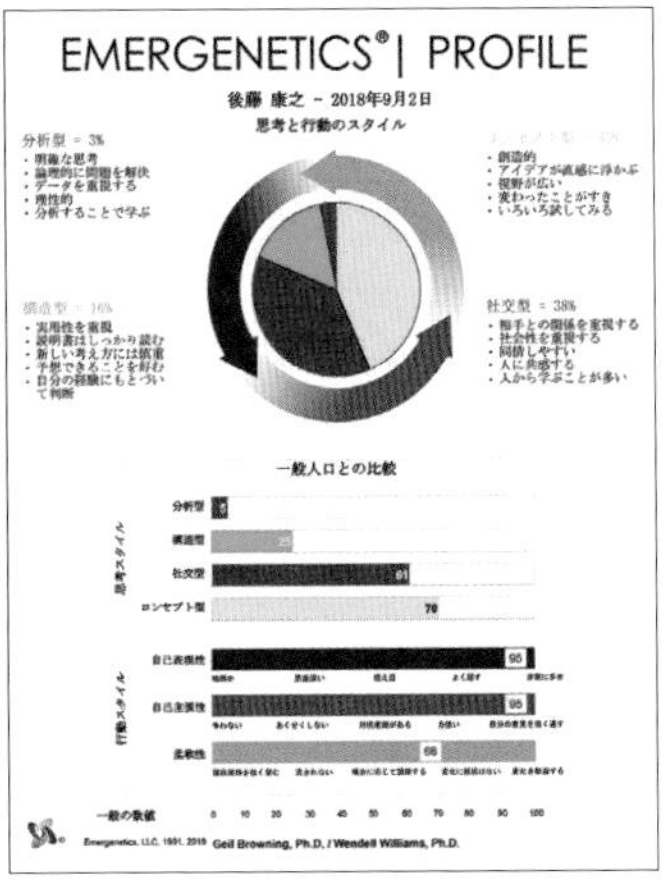

「価値観を共有できるか、否か」を見極める4つのポイント

●エネチタは、就活生の「どこ」を見ていいのるか？

エネチタでは、おもに次の「4つ」のポイントを注視して、「価値観を共有できる人か、どうか」を見極めています。

【就活生を見極める4つのポイント】

①発言の整合性が取れているか（ウソをついていないか）
②言われたことを素直に実行できるか（素直さがあるか）
③決断のスピードが速いか
④他者とコミュニケーションを取るのが好きか

①発言の整合性が取れているか（ウソをついていないか）

「整合性が取れているか」とは、「ウソをついていないか」です。

就活生は、「自己分析」「業界研究」「企業研究」「エントリーシート」「筆記試験」「面接」について対策を講じています。

「こういう質問をされたら、こう答えよう」「こう答えれば、採用担当者のウケはいいはずだ」と事前に準備をしているため、本音と建前を使い分けることができます。

就活生のウソに踊らされないために、次のような方法で「発言の整合性」を見極めています。

・心理分析ツールを使って、就活生の思考特性、行動特性、仕事への適正を分析する

分析結果と面接時の発言に違いがある場合は、「ウソをついている」可能性が高い。

たとえば、「論理的な思考特性が高い」という分析結果が出ているのに、面接時に感情的・情緒的な発言ばかりを繰り返す就活生は、要注意です。

・履歴書やエントリーシートから推察できる人物像と、面接時の印象をすり合わせる

印象に違いがある場合、就活生が自分を偽っている可能性があります。

・言葉を変えながら、同じ内容の質問を繰り返す

答えがすべて同じであれば、「ウソをついていない」ことがわかります。

会社は、社長の決定で決まります。そして社長の決定は、「お客様の声」や「社員の報告」で決まります。

社員が「現場の真実、事実」を正確に報告してくれなければ、社長は正しい決定ができません。

社員がウソの報告をした場合、社長は間違った決定をすることになります。エネチタが面接で「発言の整合性」を重視しているのは、**「自分に都合の悪いことを隠さずに話せる誠実さ」**を持っているかを見極めるためです。

②言われたことを素直に実行できるか（素直さがあるか）

会社に必要な人材は、

「会社の方針をそのまま実行できる人」
「言われたことを素直に実行できる人」

です。

もちろん、自分の頭で考えることも、自分の意見を持つことも大切です。ですが、新卒社員には社会の経験がないので、自分の頭で考えた意見は、どうしても浅くなったり、偏ったりします。だとしたら、新人時代はとくに、「言われたことに疑いを持たず、愚直にやる」ほうが成果につながります。

新卒社員に必要なのは、「考える」ことより、「行動する」ことです。そして、「行動した結果を検証する」ことです。

素直な人は、

「社長、上司、先輩に言われたことをすぐに実行する」

「先入観を持たずに学ぶ」ため、早く成長します。

また、エネチタでは、新卒社員の配属先を社長や採用担当者が決めるのではなく、「ドラフト方式」で決めています。

ドラフト方式とは、プロ野球のドラフト会議のように、「各部門の責任者が、新卒社員の中からほしい人材を指名する」方式です。

ドラフトで指名する事業部長は今までのあらゆる内定者情報を確認して、その人が自分の部署で活躍できるかを考え、指名します。

この方式を採用している理由は、

「本人のやりたい仕事と、向いている仕事は必ずしも合致しないから」

「新入社員には、『どの仕事が自分に合っているか』が判断できないから」

です。

人は活躍できるからこそ、仕事にやりがいを感じ、一生懸命に働くことができ、家族を幸せにできるのです。

社長の仕事は社員一人ひとりを活躍させること。その仕組みをいろいろと考えるのも私の仕事です。

22新卒ドラフト会議

指名が重複した場合は抽選を実施

ドラフト2巡目の様子

③決断のスピードが速いか

就活生の中には、「複数の企業から内定をもらい、ギリギリまで選択肢を手元に残しておきたい」と考える学生がいます。

エネチタでは、複数内定者の採用には消極的です。

なぜなら、「入社する企業を決めきれない」のは、「決断のタイミングから逃げる優柔不断な人」だからです。

次のように考える就活生（Aくん、Bくん）がいたとします。

●Aくんの考え

「まだどこからも内定が出ていないけれど、もしエネチタから内定をもらったら、エネチタに決める。

正直、エネチタのことはあまり知らなかったけれど、雰囲気も良さそうだし、休みも多そうだし、給料もそれなりにもらえそうだし。

これ以上就活するのも面倒だし、どの会社に入っても、どうせやることは同じだし、就職活動なんてさっさと終えて、学生最後の年は、思いっきり遊ぼう！」

◉Bくんの考え

「すでに3社から内定をもらっているが、まだまだ、これから。できるだけたくさんの会社から内定をもらおう。

その中から、もっとも自分に合った会社を見つけよう。最低でも5社から内定をもらえないと、安心できない」

私が採用したいのは、Aくんです。理由は、意思決定が早いからです。

仕事において重要なのは、意思決定の速さです。意思決定の遅い人は行動するまでに時間がかかるため、お客様の変化、ライバルの変化、社内の変化、時代の変化に乗り遅れます。

エネチタの新卒採用の締め切りは、他の企業よりも速く、例年「5月」です。

5月で締め切る理由は、

「判断の速い人」

「決断のスピードが速い人」

「他社に先駆けて、自社の価値観に合う人」

を採用するためです。

Bくんのように「自分に合った会社を慎重に選びたい」という理由で、内定をいくつももらおうとする就活生がいます。

ですが、社会人経験のない学生に、「自分に合った会社」を正しく判断するのは難しいと思います。

だとすれば、「自分がここだ！と思った会社にすぐに決める」という選択も、決して間違いではありません。

就職は、今後の生き方を左右する一大イベントです。その一大イベントに対して、「どの会社に入っても、どうせやることは同じ」と、すぐに決められる決断力・判断力は、

社長面接ではその場で内定通知書を渡すことも

入社後に大きな武器となります。

私はAくんの、「どの会社に入っても、どうせやることは同じ」という考え方は、本質的に正しいと思います。

どの業界に入っても、営業部門はものを売り、製造部門はものをつくり、経理部門はお金の管理をし、総務部門は社内の事務業務を担います。

違うのは、扱う商品やサービスが違うだけ。職種が同じなら、どの業界、どの会社に入社しても、大差ないはずです。

エネチタに求められるのは、慎重さより

伊藤さん(右)・樋口さん(左)の2ショット
上司とは定期的に振り返りを実施

も**「スピード感」**と**「挑戦意識」**です。

２０２１年新卒社員の伊藤榛基も、「スピード」を意識して業務に励んでいます。

「上司の樋口さんから『これからは誰よりも速く、多く』という言葉をいただき、ずっと意識してきました。誰よりも速く、多くお客様に情報をお届けすることを意識したおかげで、手まき反響（最新の不動産情報をポスティングすること）で全国３位を取ることができました」（伊藤榛基）

２０２０年新卒社員の澤のぞみも、入社を迷っていたひとりです。

「内定者面談のとき、入社を迷っている私

の背中を強く押してくださったのが、今、私の上司である丹羽さんです。

『考えていたら何もはじまらないから、やってみればいいよ！』

今でも何かに挑戦する際や迷っているときはこの言葉を思い出して、勇気をいただいています」（澤のぞみ）

④他者とコミュニケーションを取るのが好きか

エネチタでは、社員同士の「懇親会」（飲み会、ランチ会など、みんなで飲食をともにする時間）を人材戦略の一環として位置づけています。
社内イベント、勉強会、レクリエーションも定期的に開催しているため、「他者とコミュニケーションを取るのが苦手な人」「みんなで盛り上がるのが嫌いな人」は向いていません。
また時代の傾向として、最近では、「社員旅行は大の苦手」という若者が増えているようです。

しかしエネチタでは、毎年欠かさず続けています。なぜなら、価値観を揃える格好の機会だからです。

年齢、入社年度、部署、役職などに関係なく、誰もが働きやすい職場をつくるために、経営計画書の「コミュニケーションに関する方針」には、懇親会のルールを明記しています。

懇親会（飲み会、ランチ会）はエネチタにとって社員教育の場であり、結束力や団結力を強くする重要なコミュニケーションツールです。

【飲みニケーション】※一部抜粋
・予算は3500円／1人とする（ランチ1500円）。
・上限8名とし、スタート時間は原則18時までに設定し、90分～120分で中締めをする。

ちなみに懇親会のある日は、15時に家に帰っても早退扱いにはしていません。

なぜなら、田舎は車社会ですから飲みに行こうと思うと、一度家に帰って車を置いてからでなければならず、「定時で帰って」、「車を置いて」、「飲みに行く」では、どうしてもスタートが遅れてしまいます。ですから、その日は早く帰っても出勤したことにしているのです。そのため、社員は喜んで家に帰り、懇親会に参加します。

【サシ飲み】　※一部抜粋

・仕事だけでなく、プライベートのことや悩みなども聞く。部下の金銭に関わる相談は社長に報告する。普段言えないようなことも、1対1だと言えることも多くあります。何かあったときに、「今度のサシ飲みで上司に聞いてもらおう！」と考える社員も多く、サシ飲みのおかげで、上司と部下もコミュニケーションを取りやすくなっています。

上司と部下が男女の場合は、ランチにするか必ずもう1名参加をして3名で実施するというルールもあります。これは社員のご家族などに心配をかけないためのルールです（笑）。

・未成年と実施する場合はランチとする。

・サシ飲みが男女の場合は、原則サシランチとする。

【プレミアム懇親会】※一部抜粋

・各事業部の部長が頑張った社員、パート・アルバイトを選出し、社長と懇親会を行う。人数は社長と部長で決める。

プレミアム懇親会は、「高くておいしい料理やお酒を食べられる」ということで社員に好評です。時には『ミシュランガイド』に掲載されているお寿司屋さんで、大騒ぎすることもあります。

内定者研修を充実させて、内定辞退を防ぐ

●内定辞退者が少ない2つの理由

エネチタは、就活生の内定辞退がとても少ない会社です。内定者が多い年では15名ほどいますが、毎年内定辞退者は1人か2人です。

どうして内定辞退者が少ないのか。その理由はおもに「3つ」あります。

【内定辞退者が減った3つの理由】

①エネチタ（社長）と価値観を共有できる人材を採用している
②内定者研修に力を入れている
③政策勉強会に内定者のご両親を招待している

①エネチタ（社長）と価値観を共有できる人材を採用している

就活生には、ウソ偽りなく、エネチタの「ありのまま」をお見せしています。就活生は、「エネチタの社風、文化」「会社の考え方、人柄」を十分に理解した上で内定を受けています。こうして価値観の合う人材として集められた内定者であるため、エネチタでは内定者同士の仲がとても良く、他社と比べても団結力があると評判です。あまりに価値観が合いすぎて、飲み会はいつも大盛り上がりで、出入禁止になっているお店もいくつかあります（笑）。

②内定者研修に力を入れている

エネチタでは、内定者研修に力を入れています。

内定者は、

「環境整備研修」

「ビジネスマナー研修」

「実行計画作成研修」

研修費45万円を数えてもらい、ありがたみを知ってもらう

先輩社員への感謝を動画にして伝える

「セールス研修」

「内定者実践塾」

「内定者向けの社内アルバイト」

「マネジメントゲーム研修」

など、さまざまな勉強会に参加します。

また、内定者研修に参加する前に、研修費45万円を自分の手で数え、それぞれに賃金の振り込みまでやってもらうようにしています。これには研修にかかる費用を知ってもらった上で、「先輩たちが稼いでくださったお金で研修に行かせていただくありがたみを知ってもらう」という狙いがあります。これによって、入社後、新入社員と先輩社員の絆が深まります。

こうした内定者研修は、内定者にとって次のようなメリットがあります。


【内定者研修のメリット】

・内定期間中に業務内容を実地体験できるので、入社後の不安がなくなる。

研修を通して入社前から同期・先輩社員との
コミュニケーションを図る

内定者同士で役割分担してグループワークを実施

・同じ研修を同期のメンバーで受け、入社前から仲間意識を深めることができる。
・入社前と入社後のギャップがなくなる。
・入社前から、同期・先輩社員とのコミュニケーションが取れる。
・大学とは違う体験をするので、ストレス耐性が上がる。

採用の早期化によって、内定期間は1年にもなります。内定者は時に不安を感じ、「このまま、エネチタに就職してもいいのだろうか」と心が揺れるときもあります。そのまま放っておくと、内定辞退に発展しかねません。

内定者研修を行い、内定者とのコミュニケーションを多く持つことで、内定者の不安を取り除くことが可能です。

③政策勉強会に内定者のご両親を招待している

今でこそエネチタは知名度を上げていますが、それも知多半島内に限ってのこと。全国的には無名の会社です。内定者のご両親の中には、「エネチタは、ブラック企業なのではないか」「海のものとも山のものともつかない会社にわが子を就職させて大丈夫なのか」と不安になる方がいらっしゃいます。

そこで現在は、内定者のご両親を政策勉強会（154ページ参照）にご招待して会社の雰囲気やエネルギーを感じていただき、さらに、エネチタの経営計画書をご覧いただいています。

経営計画書には、今期の経営目標、長期事業構想、長期財務分析表、長期財務格付け、社員が守るべき経営方針が明記されています。

経営計画書を見ていただくと、

「エネチタが継続的に成長している」

「エネチタが金融機関からも信頼されている」

「エネチタの離職率は低い」

ことがわかるため、ご両親にも安心していただけます。以下は政策勉強会にご参加いただいた内定者の親御さんの感想です。

「社員の方々の規律の良さや、社員一人ひとりが経営理念、エネチタの約束を意識している姿勢はすばらしいと思います。しっかり把握する事で同じ方向を向き、団結ができ、成長できる企業だと思いました。これからの社会は人材育成が最も重要になってくると言われている中で、きちんと教育されているのが伝わってきました」

「楽しかった。社員さんの挨拶がとても元気があり気持ちよかったです」

「従業員様の礼儀正しさにとても気持ちよくさせていただきました」

「沢山の社員がいる中、社員さん、パートさん、現場の声が上層部の方にしっかり届いていることに感銘を受けました」

「はじめての会社ってすごく重要だと思うんですが、今回の政策勉強会に参加させていただいてここで間違いないなと思いました」

「社長や幹部の皆さんと直接コミュニケーションを取れる機会があるようで安心しました」

第3章

ここまで育つ！
エネチタの人材教育

人材の成長こそ会社の成長である

●教育研修費として年間８０００万円を投資する

エネチタの人材戦略の柱は、「社員教育」です。

私は「社員教育をやりすぎて倒産した会社はない」と考えています。

エネチタは、社員教育に、お金も、時間も、惜しみなく投資しています。２０１６年度は、教育研修費として年間８０００万円を費やしました。私は、

「知多半島でナンバーワンの企業になるには、教育研修費を惜しんではいけない」

「ライバル企業との差別化を図るには、人を育てるしかない」

「会社を継続的に成長させるには、社員教育をするしかない」

「お金と手間をかけて社員教育する以外、利益を出し続ける方法はない」と考えています。

中小企業にとって、人材の成長こそ、会社の成長です。

当社がそうだったように、人の成長と会社の業績は、正比例の関係にあります。人が成長すれば、それにともなって会社の業績も良くなります。

会社の実力は、社員の学歴、才能、能力で決まるのではありません。「社員教育の量」で決まるのです。

【教育に関する方針】　※一部抜粋して紹介

1　基本

(1)社内教育の教科書は「経営計画書」と「仕事ができる人の心得」であり、実施教育は「環境整備」と「実務の場」で行う。

(2)仕事はお客様とライバルから教えていただく。

(3)同じことを繰り返し教育し、「質」より「量」を重視する。

指示があったら必ずメモを取って復唱

(4)指示は、必ずメモを取らせ復唱させる。

多くの中小企業で人が育たないのは、社長が毎回違うこと、新しいことを教えようとするからです。そこでエネチタでは、「たくさんのテキストを使って、たくさんのことを勉強する」のではなく、「少ないテキストを使い、同じことを何度も繰り返す」ようにしています。

社員教育は、質より量です。中小企業の人材育成では、

「長期間継続する」

「間隔をあけずに反復する」

ことが大切です。エネチタの社員は、「同

じことを何度も、何度も、何度も、何度も、何度も繰り返し勉強しています。その結果、会社の文化が毛穴から浸透し、価値観が揃うのです。

2 新人教育

(1)新人がやらないのは知らないからであり、知らないのは教えないから。
(2)怒ると新人は考えなくなる。ことを叱って、やったら褒めて本人に考えさせる。そして復唱してメモを取らせる。それが教育になる。
(3)「前にも言ったよな」「2度とやるなよ」「早く覚えろ」「わかったよな」は禁止。
(4)環境整備は必ず初日に教える。2日目以降に教えても効果がない。

エネチタの「教育に関する方針」には、「新人に対して、『前にも言ったよな』『2度とやるなよ』『早く覚えろ』『わかったよな』と言ってはいけない」と明示されています。なぜ、これらの言葉を禁止したのか。それは、「新人が仕事を覚えられないのは、上司にも責任があるから」です。

上司とは、部下を育てる人のことです。ひとりでも部下を持ったら、その瞬間に人事担当者・教育担当者になります。新人がやらないのは知らないからであり、知らないのは上司が教えないからです。新人が同じミスをするのは、「ミスをなくすにはどうしたらいいいのか」を上司が教えないからです。

教育とは、「教えて、育てる」と書きます。

・教える……知識を与えること。
・育てる……実行させること。

知識を与えるだけでなく、仕事を教材として、部下の行動を変えること、結果を出させることが上司の役割です。

ライバル会社より価格が高くても、エネチタが選ばれる理由

●教育の目的のひとつは、社員を「感じのいい人」にすること

私は社員に、次のような人になってほしいと考えています。

「感じのいい人」

ライバル会社の社員よりも、エネチタの社員を「感じのいい人」にする。それが、社員教育の目的のひとつです。

「感じの悪い人になりたい」という人は世の中にいない。でも、そういう人が絶えないのは、「自分がそう思われている」ということに気づいておらず、そのようなことを教育してもらえないから。

と私は考えています。では、「感じのいい人」とは、具体的にどのような人を指す

のでしょうか。「感じのいい人」には、次のような特徴があります。

【感じのいい人の特徴】

・相手の話をうなずきながら聞く。
・さわやかな挨拶をする（笑顔で挨拶をする。足と手を止めて挨拶をする。体と顔を相手に向けて挨拶する）。
・いつもニコニコしている。
・リアクションがいい（頼まれたら、すぐに対応する）。
・人の悪口を言わない。
・感謝の言葉（ありがとう）を口にする。
・相手に対して「ほんの少しの気づかい」ができる。
・嫌なことがあっても、必要以上に態度（表情）に出さない。
・自分の都合よりも「相手」の気持ちを優先する。

産業エネルギー事業部の松波公士は、かつて、社内でも評判の「感じの悪い人」でした（笑）。それはもう、感じが悪い。

ところが現在は、評価が一変しています。社内はもとより、取引先からも「感じのいい人」「気持ちのいい人」だと認められているのです。

どうして松波は変われたのでしょうか。理由のひとつは、**「仲間からの指摘」**です。

エネチタでは、「感じの悪い人」を放っておきません。

「今の、感じが悪かったよ」

「こうすれば、感じが良くなると思うよ」

とはっきりダメ出しする文化があります。**エネチタにおけるダメ出しは、相手を否定するものではなく、「愛情」です。**そして松波は、その愛情に応えました。

環境と教育によって人は変われる。私はそう思います。

●何を買うか、いくらで買うか以上に、誰から買うか

以前、あるお客様から本社にお電話をいただきました。

用件は、当社の新人社員「波平憲太朗（2021年新卒社員　給湯王事業部）について」でした。

お客様は、電話を受けた本社スタッフに、こうおっしゃいました。

「波平さんの上司とお話をさせていただけませんか？」

上司の丹羽玲子は、「波平本人ではなく、上司の私に用があるということは、波平が何かやらかしたのかもしれない。失礼なことをしたのかもしれない」と身構えたものの、実際はクレームではなく、まったくの「逆」。お礼の電話でした。お客様は、波平が、「いかに実直で、丁寧で、仕事が速くて、一生懸命で、感じがいいか」を上司に伝えたくて、電話をくださったのです。

波平が担当した案件は、エネチタを含む3社が見積りを出していました。実を言うと、エネチタの見積りはほかの2社に比べ、「ダントツに高かった」と言います。

給湯王事業部の波平憲太朗

それでもエネチタを選んでくださったのは、「担当者（波平）の人柄がバツグンに良かったから」でした。

自らも接客業をされているお客様は、「自分も波平さんの『感じの良さ』を見習わないといけない」と初心を思い返したそうです。

エネチタもライバル会社も、扱っている商品やサービスに大きな差はありません。それなのに、知多半島でエネチタのシェアが高いのは、お客様が、

「何を買うか、いくらで買うか」以上に、**「誰から買うか」**でエネチタを選んでくださっているからです。

社員教育がうまくいかない会社の2つの共通点

●少ないテキストを使い、同じことを何度も繰り返す

以前のエネチタで社員教育がうまくいかなかった原因は、おもに「2つ」あります。

①社員教育の「軸」（柱）がなく、社長の言うことがブレていた
②社長だけが勉強していたので、幹部社員が育たなかった

①社員教育の「軸」（柱）がなく、社長の言うことがブレていた

かつての私は、「社長は、毎回違うことを教えたほうがいい」と信じていました。
私自身の考え方も定まっていなかったため、「セブン＆アイ・ホールディングスの

鈴木さんはこう言っている……、ソフトバンクの孫さんはこう言っている……、ファーストリテイリングの柳井さんはこう言っている……」と、エネチタとは規模も、業種も、地域も違う経営者の名前を挙げては、講釈を垂れていました。

私の発言に一貫性がなかったため、社員を混乱させてしまったのです。

社員教育がうまくいかなかったのは、私が毎回違うこと、新しいことを教えようとしたからです。

そこで現在では、「たくさんのテキストを使って、たくさんのことを勉強する」のではなく、

「少ないテキストを使い、何度も繰り返す」

ようにしています。

社員から「後藤さんは、いつも同じことを言っている」「これで10回目だ」と言われていますが（笑）、物事を理解させるには、たくさんのことを教えるよりも、同じ

内容を繰り返し教えることが大切です。

社内教育の教科書は、「経営計画書」と『仕事ができる人の心得』の2つだけです（なお、実践教育の軸は、後述する環境整備と日々のPDCAと考えています）。

・経営計画書

会社の方針、数字、スケジュールを1冊の手帳にまとめたエネチタのルールブック。社員が「どう行動すればいいのか」に迷ったら、経営計画書の方針が道標《みちしるべ》となります。社長の決定を口頭で伝えるだけでは、徹底されません。なぜなら口頭で指示を出す場合、解釈のしかたは人それぞれであり、社員全員が「同じように理解している」とは限らないからです。

会社の数字と方針を明文化しておかないと、進むべき方向性が見えないため、場当たり的な経営に陥りやすくなります。

そのため経営計画書には、「環境整備に関する方針」「運転に関する方針」「ライバ

社員教育の教科書となっている2冊

2021年12月

日付	曜日	六曜	祝日	方針	規定	予定	誕生日
1	水	赤口		長期 P.14	共通 P24		
2	木	先勝		経営 P.22	事業部	省エネ車両点検（7:45～8:15） ガス車両点検（16:00～17:00）	
3	金	友引		環境 P.24	共通 P26	社長勉強会（7:15～8:00） 衛生巡視（8:30～12:00） 社長お客様同行（集合住宅）（12:30～16:30）	
4	土	大安		運転 A P.28	事業部		
5	日	赤口		運転 B P.30	共通 P28		
6	月	先勝		お客様 P.34～	事業部	方針会議（7:30～9:30） 社長お客様同行（法人営業・ガス業務用）（12:30～16:00）	[illegible]
7	火	友引		姿勢 P.64	共通 P30	社長勉強会（7:15～8:00）	[illegible]
8	水	先負		ライバル P.66	事業部		橋本 [illegible]
9	木	仏滅		クレーム A P.70	共通 P4		[illegible]
10	金	大安		クレーム B P.72	事業部		[illegible]
11	土	赤口		商品・販売 P.76～	共通 P6		
12	日	先勝		在庫・購買 P.108	事業部		[illegible]
13	月	友引		情報 P.110	共通 P8	社長勉強会（7:15～8:00） 社内監査B（後藤さん参加）（8:30～11:30） 請求書チェック（12:00～14:00）	
14	火	先負		PDCA P.112	事業部	社内監査C（10:00～13:00）	
15	水	仏滅		内部体制 A P.114	共通 P9		[illegible]

2021年12月

日付	曜日	六曜	祝日	方針	規定	予定	誕生日
16	木	大安		内部体制 B P.116	事業部	社内監査A（10:00～13:00）	[illegible]
17	金	赤口		採用 P.120	共通 P10		[illegible]
18	土	先勝		コミュ A P.124	事業部		清水 [illegible]
19	日	友引		コミュ B P.126	共通 P14		
20	月	先負		教育 A P.130	事業部		
21	火	仏滅		教育 B P.132	共通 P16	[illegible]点検A（8:00～16:00） 総務・セルフランドリープレミアム懇親会（16:00～18:00）	山口 [illegible] 中村 [illegible] [illegible]
22	水	大安		パート P.136	事業部	[illegible]点検B（9:15～16:15） 販支アセスメント（13:30～16:30）	近藤 実
23	木	赤口		点検 P.156	共通 P18		[illegible]
24	金	先勝		提出書類 P.160	事業部	方針会議（7:30～9:30） 販支アセスメント（10:00～12:00）	
25	土	友引		会議 P.172	共通 P20	社長勉強会（7:15～8:00） 販支アセスメント（8:30～11:30）	井上 博之
26	日	先負		朝礼 P.180	事業部		
27	月	仏滅		発表 P.6	共通 P22	販支アセスメント（11:30～14:30）	
28	火	大安		長期 P.14	事業部		
29	水	赤口		経営 P.22	共通 P24		[illegible]
30	木	先勝		環境 P.24	事業部		
31	金	友引		運転 A P.28	共通 P26		[illegible]

毎日の読み合わせで内容の理解を深めている

ルに関する方針」「クレームに関する方針」「商品・販売に関する方針」「在庫・購買に関する方針」「情報ガイドラインに関する方針」など、「社員が守るべきルール」を明文化しています。

そして、朝礼では、経営計画書（方針）の読み合わせを行います。その日、「どのページを読むか」も経営計画書のスケジュール欄に明記して決めています。

●「学ばない社長はダメ社長。社員に学ばせないのは、もっとダメ社長」

②社長だけが勉強していたので、幹部社員が育たなかった

エネチタには複数の事業があります。そのすべての事業について、社長は社員の誰よりも理解していなければなりません。社長が理解していなければ社員に教えることはできないからです。

社長は勉強を怠ってはいけない。誰よりも勉強をしなければいけない。しかし、社長が勉強するだけでは、会社は成長しません。幹部社員にも勉強をさせるべきです。

「学ばない社長はダメ社長。社員に学ばせないのは、もっとダメ社長」

以前の私は、「社長が優秀なら、会社は成長する」と考え、私ひとりで勉強をしていました。ところが、私がいくら勉強をしても、会社は変わらなかったのです。

当時の私は、「もっとダメ社長」でした。

社長ひとりが勉強をすると、社長と社員（幹部社員）の溝（＝実力差）が深まるだけです。

溝が深くなれば、社員は「社長の言っていること」が理解できないため、価値観が揃いません。

社長と社員の溝を埋めるには、

「社長と社員（幹部）が一緒に勉強すること」

が大切です。社長と社員が一緒に勉強をすることで、お互いの価値観のすり合わせができます。

たとえば経営計画書に盛り込む目標の数字などは私と幹部とで４日間ぐらい泊まり込みの合宿をして一緒に作り込んでいます。これがお互い勉強になるのです。勉強をした社員は、

「社長は、何を言っているのか」

社長・幹部も一緒になって勉強会へ参加

「社長は、どうしてこういう方針を打ち出したのか」

を理解できるようになるので、社長と社員の価値観が揃います。

　社長が「右！」と言ったとき、「幹部社員」も「右！」と言う組織は、業務改善が進みます。社長の「こうしたい」という方針をただちに実行できるからです。

　一方で、幹部社員が社長の方針に逆らって「左！」と言う組織は、破綻します。社長の方針が実行されないからです。

　会社の成長に必要なのは、勉強している社員の「数」です。

社長ひとりでは会社は変わらない。社員も一緒に勉強し、スキルや知見が増えれば増えるほど、そして、社長と社員の価値観が揃えば揃うほど、会社は成長します。

エネチタが地域ナンバーワンになれたのも、事業を多角化できるのも、幹部社員が育ってきたから、つまり、

「幹部社員が社長の考えを理解できるようになった」

からです。

方針・価値観共有のための研修・勉強会を実施する

●エネチタは、社長、幹部、一般社員が勉強し続ける会社

エネチタは、新入社員だけでなく、幹部や社長もたくさんの研修・勉強会に参加しています。

時代は常に変化しているため、新しい情報・新しい考え方を学び、身につけていかなければ時代に取り残されてしまいます。

「社員の成長こそ、会社を成長させる源泉である」

これがエネチタの考え方です。

社員教育には、「スキル」の教育と、「価値観」の教育があります。

エネチタが力を入れているのは後者、

「価値観を共有するための教育」

「会社の方針を理解し、実行できる人材になるための教育」

です。

社長と社員、上司と部下、先輩と後輩、同僚の価値観を共有するために、さまざまな社員教育を実施しています。

【方針・価値観共有のための社員教育／一例】

①経営計画発表会

年1回、4月に実施。対象は全社員。

エネチタでは、毎年4月（当社の期首）に、「経営計画発表会」を行っています。

経営計画発表会では、社長の私が、社員、金融機関、来賓の前で、自分の声と自分の

経営計画発表会

経営理念の唱和

言葉で今期の方針と数字について解説します。

経営計画発表会は、自社内で行わず、ホテルを借りて行っています。社内で行わない理由は、「場所を変えると、社員の意識も変わる」からです。

また、経営計画発表会は、2部構成です。

第1部は、おもに経営計画の発表が中心。

第87期の政策勉強会オープニング

厳粛に、緊張感を持って執り行います。

第2部は、懇親パーティーです。仮装して踊ったり、早食い競争をしたりして、第1部とはうって変わってはしゃぎます。

②政策勉強会

年1回、10月に実施。対象はパート・アルバイトも含めた全従業員。

全従業員が時と場所をともにしなければ、同じ価値観を共有できません。そこで、エネチタでは経営方針を発表する場を設けています。それが「政策勉強会」です。期中に方針変更を行った場合は、政策勉強会で発表します。政策勉強会も、経営計画発表会と同様に2部構成。勉強会の前半は、成績優秀者表彰など、各種表彰が行われます（パート・アルバイトも表彰の対象）。

後半は、方針や会社の目指すべき方向性について、私が具体的に説明します。新たな気づきを得ることができます。

パート・アルバイトの表彰もある

優秀社員賞は成果を上げた若手社員を表彰

政策勉強会後の懇親会では
表彰者に花束贈呈が行われる

政策勉強会では、コミュニケーションアンケート（従業員アンケート）の結果に対して、私からフィードバックをしています。

コミュニケーションアンケートを実施すると、多くの従業員がエネチタに満足していることがわかります。ですがそれでも、会社に対する不満はなくなりません。無記名、フリーコメントのアンケートなので、不平不満のオンパレードです（笑）。

「社長が社員を褒めているイメージがあまりない。どちらかと言えば怒っているイメージのほうが強い」など、言いたい放題。社長の私が従業員から「ボロカス」に叩かれることもありますが（笑）、このアンケートこそ、**「現場の状況をよく知っている従業員の声をくみ上げて、現場改善に役立てる」ための仕組み**です。コミュニケーションアンケートは、いわば、会社の健康診断です。

フィードバックするときに大切なのは、返事をあいまいにせず、「できること」と「できないこと」を明言すること。私は、できないことは、はっきりと「できない」と答えるようにしています。事業所に休憩室を設定したのも、エネチタ従業員相談窓口を開設したのも、社員の声に応えた結果です。

毎月ZOOMにて社長勉強会が行われる

③社長勉強会

毎月1回実施。対象はパート・アルバイトも含めた全従業員。経営計画書に記載されている「方針」について社長が解説。社員の仕事に対する考え方を揃えていきます。パート・アルバイトの方には録画した動画を見ていただきます。

エネチタには、さまざまな社員教育、研修、勉強会があります。幹部社員の川崎智弘と加藤大幸は、ともに「社長勉強会がもっとも役に立つ」と口を揃えます。

「社長の考え方や、社長がどのように判断しているのかを知ることができるので、私

も多少、社長と同じように判断できるようになった気がします」（川崎智弘）

「前職では社長の考えを知ることはなく、そもそも知る必要もないと考えていました。ですが現在は、毎月必ず、後藤さんの考え方を教えていただける時間があります。より働きやすく、より成果が出る仕組みを社長から直接聞くことができるので、モチベーションアップにつながっています」（加藤大幸）

④社員勉強会

月2回実施。対象は入社1年以内の社員（ベテラン社員も参加可能）。

社員勉強会の講師は、幹部社員が担当します。中途入社の社員は、直近の社員勉強会から受講開始し、1年間受講します。また、この勉強会では、講師となってアウトプットするという行為が、幹部社員の成長にも大きく貢献して

月一の社員勉強会

います。本部長の山本英弘は次のように言っています。

「毎年勉強会のお題が変わり、そのシナリオ作成で大変ですが、教える側の私が一番成長を実感しています」（山本英弘）

【社員勉強会のテーマ】

4月　理念と考え方　気づきと行動　……………後藤康之
5月　環境整備と仕事のやり方　……………川崎智弘
6月　挨拶・礼儀　感じのいい人　……………丹羽玲子
7月　社長・幹部・社員の役割　……………水田法和
8月　お客様とライバル　……………澤田剛人
9月　成長し続けるＰＤＣＡ　……………杉浦寛之
10月　強い会社の営業　……………山本英弘
11月　ランチェスター戦略　……………星野聖恵

12月	会社の会計	……	井澤佑介
1月	採用と教育	……	土師宗一朗
2月	時間管理とスケジュール	……	永田篤識
3月	コミュニケーションの上手な取り方	……	小島一保

⑤スイッチオン朝礼研修

年に4回実施。全従業員が対象。

スイッチオン朝礼研修は、スイッチオン朝礼のやり方、朝礼の意義、「感じのいい人」になるための心構えなど、「エネチタブランドとは何か」を再認識する研修です。

全従業員は、年1回は必ず参加（誕生日月の前後1ヵ月）、新入社員および新入パート・アルバイトは入社2ヵ月以内の参加を義務付けています。

スイッチオン朝礼は、会社の考え方を共有する時間。社員のやる気を高め、経営理念を組織に浸透させ、活気ある働きがいのある職場をつくるため、エネチタの全事業所全店舗において毎日必ず「朝の15分」を使って行います。

朝礼では親指を立てながら、

「スイッチオン！　スイッチオン！　スイッチオン！」

と全員で声を出し、声を合わせ、やる気のスイッチをオンにします。

大きな声を出す目的は、

「みんなで元気を与え合い、元気に楽しく仕事をするため」

「プライベートから仕事に切り替えるため」

です。

エネチタでは朝礼を行うリーダーを「元気発信リーダー」と呼んでいます。なぜなら朝礼はみんなに元気を注入する場だと考えているからです。その元気発信リーダーを中心に次のような朝礼を毎朝行っています。

【朝礼の内容】
・スイッチオン！　3発
・身だしなみチェック（メモ用紙を持っているかも確認）
・経営理念の唱和
・方針と規程書の読み合わせ
・上記内容のフィードバックと統括
・クレーム報告、事故報告
・連絡事項、来客報告
・お客様アンケートの読み上げ
・始末書、反省文、努力文の読み上げ
・本日の目標報告
・サービス用語の唱和
・エネチタの約束の唱和

スイッチオン朝礼研修の様子

毎朝行われるスイッチオン朝礼

ガソリンスタンド事業部の長嶋由香里はスイッチオン朝礼の効果をこのように言っています。

「朝からスイッチオン！を大きな声で、しかもみんなで声を合わせて行うと、プライベートモードから仕事をするぞ！という気持ちになり、店舗スタッフのやる気にもつながっています」（長嶋由香里）

⑥実行計画作成

私は、成果を変えるためにはまずその手前の行動を変える事が必要だと考えています。よって、年2回、上期と下期に実行計画を作成します。対象は幹部社員です。「実行計画書作成」は、経営計画書の方針を各事業部でどのように実行するのか、具体的な施策として落とし込むための仕組みです。半期分の実行計画書を作成します。事業部ごとに半年間を振り返り、実行した施策の中

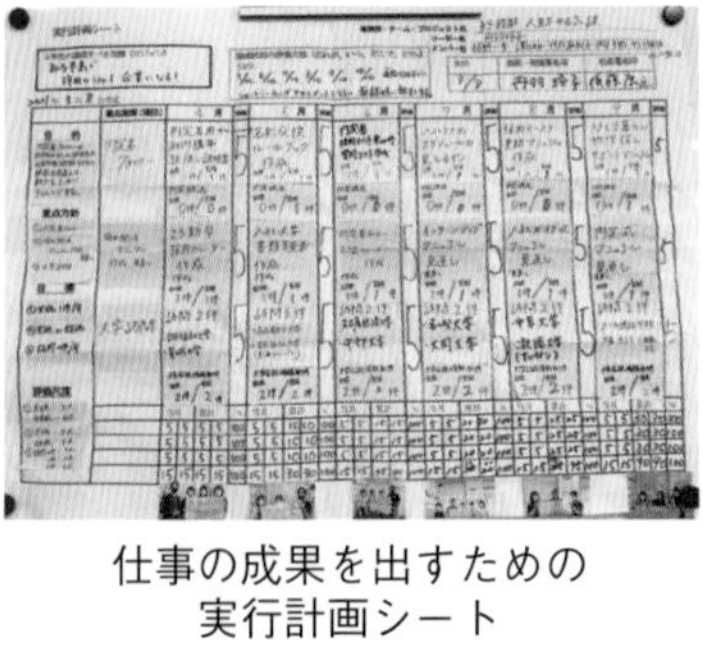

仕事の成果を出すための
実行計画シート

で「成果が出たもの」と「出なかったもの」について検証を行います。

・成果が出たもの……継続

・成果が出なかったもの……新たな施策に変更（新しい実行計画を作成する）

⑦経営計画書の転記

お坊さんが写経をしてお釈迦様の教えを学んだように、エネチタでは、経営計画書を写経（転記）します。新卒も中途も、入社後に経営計画書を「全部転記する」のが決まりです。解説だけでは、「わかったつもり」で終わってしまいます。経営計画書を解説するだけでなく、「転記＝書かせる」と自然と頭に入ります。

転記した経営計画書は
社長自らチェックする

第4章

ここまで変わった！
エネチタの働き方改革

なぜエネチタは、「人が辞めない会社」に変われたのか？

●「会社を辞めよう」と思う4つの理由

2013年までのエネチタは、「人がすぐに辞める会社」「人が定着しない会社」でした。

ですが現在では、**「人が辞めない会社」**に成長しています。

一般的に、中小企業における離職は、以下の理由が占めています。

・給与が少ない。
・仕事の量が多く、労働時間が長い（休日が少ない）。
・職場の人間関係が悪い。

・会社の先行きに対して不安がある。

厚生労働省が発表した「平成30年雇用動向調査結果の概要」によると、平成30年1年間の転職入職者が「前職を辞めた理由」として、次の結果を挙げています。

・「給料等収入が少なかった」　男性……10・2％／女性……8・8％
・「労働時間、休日等の労働条件が悪かった」　男性……10・0％／女性……13・4％
・「職場の人間関係が好ましくなかった」　男性……7・7％／女性……11・8％
・「会社の将来が不安だった」男性……7・6％／女性……4・0％

エネチタの離職率が低いのは、次の「4つ」に注力して、**「給料」「労働条件」「人間関係」「将来性」**の不安、不満を取り除いているからです。

①公平な人事評価制度
②働きやすい勤務体制

③風通しのいいコミュニケーション

④夢に挑戦する長期経営計画

（この4つについては事項以降で詳述）

2013年までは、時代の傾向として、社員が辞めても人材の補充が簡単でした。ところが2014年以降は、「消費税の増税」や「若者のトレンドの変化」を機に、「人が採れない時代」へとシフトしています。

したがって「新規採用」とともに、既存社員の離職を防ぐための施策に力を入れることが大切です。世の中はすでに**「販売戦略から人材戦略」**へとシフトしているのです。

【①公平な人事評価制度】頑張った社員と、頑張らなかった社員の差をつける

●チャンスは平等に与えて、成績によって評価を行う

かつてのエネチタがそうだったように、中小企業の多くは、人事評価体系が整備されていません。

社長の「どんぶり勘定」や「鉛筆ナメナメ（数字を操作する）」で給与や賞与が決まることもあります。

社長の胸三寸《むねさんずん》で評価を決めれば、社員はやる気をなくします。

給料と賞与に明確なルールがなく、会社の好きなように決められてしまったら、社員は納得できない。

「どれだけ頑張れば給料は上がるのか」「これだけ仕事をしているのに、まったく給料が上がらない」「自分のほうが結果を出しているのに、あの人よりも給料が低いのは納得いかない」と不満を噴出させて、辞めてしまいます。


「給料」「賞与」「人事」に関する基準をつくり、

「どうすれば賞与が上がるのか」

「どうすれば基本給が上がるのか」

「どうすれば役職が上がるのか」

を明確にするのが、社長の仕事のひとつです。


エネチタでは、2014年以降、人事評価制度を刷新。人事評価の基準を経営計画書の「社員に関する方針」と「人事評価に関する方針」に明示しています。

エネチタの人事評価制度は、

「頑張った社員と、頑張らなかった社員の差をつける制度」

です。年齢、職責、性別、国籍、学歴を問わず、頑張れば頑張っただけ収入も増える。頑張らなければ増えない。チャンスは平等に与えて、成績によって評価を行い、差をつけています（差をつけるときは、上司の主観に頼らないよう、評価シートを用いて客観的に評価しています）。

エネチタの給料は、次の4つから成り立っています。

①基本給（昨年度までの実績で決まる）

……「賃金テーブル表」をつくって、基本給を計算する。

②グループ手当（属するグループ・役職によって決まる）

……管理職に就いている社員には、管理職手当を支払う。

③前払い退職金（勤続年数によって増加）

……退職してからもらえるのではなく、先に前払いとして毎月支給される。入社1

年目から支給され、勤続年数によって金額が増えていく。社員からは大人気の制度。

④その他手当(福利厚生として支払う)

……家族手当や安全運転手当など、必要に応じて手当を決め、支給。

【手当の一例】

・安全運転手当

営業や配送の業務に従事する無事故・無違反の社員に月1万円の安全運転手当を支給しています。お金を出してでも社員の安全を守ることが正しいと考えています。

・通勤手当

通勤距離・通勤手段に応じて手当を支給しています。

・資格手当

業務において必要な資格を取得すると、月3000円~3万円の手当を支給しています。試験に合格した際、受験費用も会社が負担します。本人のやる気にまかせるのではなく、毎月模擬試験を会社で開催し、出席してもらうようにしています。

・研修日当手当

研修に参加した者には日当を支給しています。勉強させてもらえる上に、お金までもらえるありがたい制度です。

・お世話役手当

新人にはひとりずつお世話役がつき、会社のルールやわからないことを教え、新人がさみしくならないように寄り添い、ストレスを和らげています。お世話役になった先輩社員には手当がつきます。

・懇親会手当

部署で毎月1回の懇親会が義務付けられています。ひとり3500円を会社が負担します。

・サシ飲み手当

役職に応じて、1万円～2・5万円を支給しています。管理職が部下とマンツーマンでサシ飲みすることで、コミュニケーションを深めるのに役立っています。

・**結婚お祝い金**

会社からお祝い金を支給しています。

・**健康手当**

従業員の健康促進のために「タバコを吸わない人」、「禁煙をした人」には月1万円～1万6000円の手当を支給しています。社員の健康管理も社長の責任です。本部長の小島一保は健康手当について次のように言っています。

「嫁さんや両親からは、『アンタだけは一生タバコをやめないと思ってた。エネチタに入らなきゃ、未だにプカプカ吸って身体を悪くしていたに決まってる。健康に気を遣ってもらってお金までもらって。ちゃんと報いなきゃバチが当たるよ』と今でも言われています（笑）。感謝しかないです」（小島一保）

・**ひとり暮らし応援手当**

ひとり暮らしをはじめた社員には、月2万5000円を支給。初期費用10万円も負担しています。

・**子育て応援手当**

採用パンフレットの福利厚生ページ

扶養する子どもがいる場合は、その子どもが22歳になるまで、子どもひとりにつき月１万円を支給しています。

・親孝行手当

新卒社員はゴールデンウィーク中に帰省し、決められた感謝の言葉をご両親に伝えてプレゼントを渡すと、手当が支給されます。

・知多半島持ち家手当

「知多半島に持ち家がある」従業員に月１万円の手当を支給しています。

・学童保育手当

働くお母さんが増えてきたので学童に子どもを通わせている社員は月1万円、パートの従業員は月５０００円を支給しています。

⑤賞与（どのような成果を出したか）

……社員の半期の成績を評価して支給。評価シートの点数を参考にして決める。

●給与体系勉強会を開いて、5年後の自分の給料を計算させる

社員は、「できるだけ高い給料がほしい」と思っています。それなのに、「どうすれば、自分の給料は上がるのか」がわかっていません。

そこで、給料体系を勉強する「給与体系勉強会」を開催し、出席を義務付けています（入社後3回出席）。

給与体系勉強会では、自分の基本給をベースに、人事評価が5年間「オールA評価」だった場合と、「オールC評価」だった場合の、5年後の給料の違いを計算します。

すると、累計で「オールA評価」と「オールC評価」では、5年後に「210万円以上」も違い、5年間の給与の総額で比較した場合は、793万円もの差がありました。

「エネチタは、利益を溜め込まず、社員にきちんと還元する会社である」

入社後3回の参加を義務化
評価制度について理解を深める給与体系勉強会

「頑張れば、給料が増える。頑張らなければ、給料が増えにくくなる」

ということがわかれば、給料に対する不満は減って、モチベーションが上がります。

なお、エネチタの平均年齢は、30・2歳です。エネチタの30・2歳時点での平均年収を中部エリアの上場企業（の同年齢）と比較すると、エネチタは大手地銀と同順位でした。

今後も待遇面での改善を進め、「3年以内に中部エリアでトップクラスの平均年収」を目標としています。

【②働きやすい勤務体制】

残業が「0時間」でも「35時間分の残業代」を支払う

●エネチタならではの「みなし残業制度」……エネタイム35

エネチタでは、「残業削減」と「有給取得」に取り組み、「残業を減らし、休日は増やし、それでいて利益を上げる」ための仕組み化に力を入れています。

エネチタの社員は、「長時間働きたくない」「残業は少ないほうがいい」と考えています。

ですが、残業がなくなれば残業手当がつかないので、総収入は減る。すると、「残業は嫌だけれど、収入が減るのも嫌だ」と不満を口にします。要するに、「ラクして、収入を増やしたい」わけです（笑）。

以前、社員を集めて、「残業」について尋ねたことがありました。

「残業が多い会社と、少ない会社なら、どっちがいいと思う？」

すると、「独身の社員」を中心に、

「少ないほうがいい」

との意見が占めたのです。

そこで、「残業ゼロ」を目指すことにしました。

すると、残業は減ったものの、今度は一部の社員から、「残業をさせてほしい」との声があがりました。

「家族がいるので、もう少し収入を増やしたい。残業をしてもいいから、残業代がほしい」

独身社員は、「収入よりも、自分の時間を増やしたい。だから残業はしたくない」と考える。

家庭を持っている既婚社員は、「自分の時間よりも、収入を増やしたい。だから残業をしてもいい」と考える。

異なる2つの意見をまとめるために誕生した制度が、**「エネタイム35」**です。


エネタイム35とは、「みなし残業制度」のひとつです。

みなし残業制度は、

「想定されている時間よりも多く残業をしているにもかかわらず、割増賃金を支払わない企業があとを絶たない」

「決められた一定時間を超えた分の残業代を支払わない会社もあり、残業代の未払いが発生している」

などの問題をはらんでいるため、「労働者にとって不利な制度」とする意見もあります。実際、就活生から「みなし残業って、ブラックなイメージがあるのですが……」と質問をいただいたこともありました。しかし、エネチタのみなし残業制度は、

「労働時間は減らすけれど、収入は減らさない」ための制度です。

「35時間分の残業代を払っているのだから、35時間は残業をしろ」と残業を強制する

ことはありません。

「エネタイム35」は、残業が「0時間」でも「35時間の残業をした」とみなして手当を支払います。

もちろん35時間を超過した分については別途、残業代を払っています。

たとえば、50時間残業をしたのであれば、

「50（残業時間）－35（みなし残業時間）＝15（超過分）」

15時間分の残業手当を追加支給しています。

●労働時間が減っているのに、会社の業績が伸びているのはなぜ？

エネタイム35の導入前から働いているリフォーム事業部の澤田剛人はこの制度で働き方が次のように変わったと言っています。

「エネタイム35が導入される前は、『残業しなさすぎて給与が減るのも嫌だし、残業したぶんお金がもらえるのであればアリかな』くらいの気持ちで、無理に残業を減ら

す努力はしていませんでした。

しかし、導入後は『（収入が減るため）早く帰ると損』だったのが『早く帰ったほうが得』という考えになり、できるなら『ノー残業にしたい』という気持ちが強くなりました。また、私だけでなく周りも残業せずにパッと帰るので、会社での一日の行動も、1時間でも早く帰るためのスケジューリングに変わりました」（澤田剛人）

一般的に、残業の多い月と、残業の少ない月では、「残業の多い月」のほうが売上は上がります。


ですがエネチタでは、残業が少なくなるほど売上が上がりました。

理由は、**時間の無駄がなくなって、仕事の濃度、密度が濃くなった**からです。

澤田の話にもあるように、残業削減に取り組む前は、社員の中に、「時間内に終わらなければ、残業をすればいい」という甘えがありました。この甘えが時間の無駄につながっていたのです。

残業が0時間でも、35時間でも、受け取れる「みなし残業代（みなしエネタイム手当）」は同じです。

だとしたら、エネチタの社員は、**「できるだけ残業をしないで、35時間分の残業代を受け取るほうが得」**と考えます（笑）。

「残業をしないで、35時間分の残業代をもらいたい」という不純な動機で（笑）、「時間の使い方」「仕事のやり方」を見直した結果、社員の生産性が向上しました。ダラダラと仕事をすることがなくなって、「働く時間を減らして、利益を上げる」ことが可能になったのです。

●エネチタは、有給休暇が取りやすい会社

エネチタの有給休暇の消化率（取得率）は、「75％」です。

厚生労働省の「就労条件総合調査」によると、2018年の有給休暇取得率は「52・4％」。エネチタは一般的な企業よりも「有給休暇が取りやすい会社」です。

有給休暇の消化率を100％にしたければ、会社が有給休暇の取得日をすべて決め

てしまえばいい。ですが、「１００％強制」にしないのは、病気や忌引などの際に給料が減らされてしまうからです。

エネチタでは、**毎月有給制度があり、毎月1回（年12回）プラス、2～6日（職級による）の連続有給休暇を必ず取得してもらうようにしています。**また、「年1回、2日～6日の連続有給休暇取得」に関しては、「有給休暇取得計画」に基づいて取得し、社員が有給休暇を取りやすい社風を心がけています。

また、よくあるような「忙しくて有休がとれなかった」という事態をなくすため、毎月上長との面談で取得の漏れがないようにチェックしています。

ちなみに産休育休取得率は２０２１年3月時点で１００％となっています。

【③風通しのいいコミュニケーション】
コミュニケーション量が多い会社ほど、社員の定着率は高くなる

●強制的に「上司と部下のコミュニケーションの場」をつくる

社員が「定着する会社」と「定着しない会社」の大きな違いは、コミュニケーションの量です。

コミュニケーションとは、

「時間と場所を共有すること」

です。コミュニケーション量が多い会社ほど、社員の定着率は高くなります。

コミュニケーションを良くするには、接触した回数が決め手になります。

コミュニケーションは、「質より量」が原則です。

上司と部下とで面談の実施を義務化している

どんなコミュニケーションを取ったか（＝質）よりも、どれだけ多くコミュニケーションを取ったか（＝量）のほうが大事です。

エネチタでは、強制的に「コミュニケーションの回数を多くする」ために、面談や懇親会などを実施しています。

【面談、懇親会の一例】

◉面談

「直属の上司と、部下の個人面談」を義務化しています（毎月1回、10日までに行う）。客観的に、公平に、私情を挟まずに面談を行うために、「評価シート」「経営計画書」「改善報告」「実行計画書」「新人ステップアップシート」（入社2年目未満）などのツールを利用しています。

◉飲みニケーション（120ページでも紹介）

「事業部飲みニケーション」「サシ飲み」「プレミアム懇親会」など、エネチタの飲み会の多くは、公式行事です。スケジュールを参加者が共有しています。

アルコールは強制ではありません。飲酒を強要することもありません。大切なのはお酒を飲む、飲まないではなく、その場を共有しながらコミュニケーションを図ることです。

◉お世話役制度

お世話役とは、内定者や新入社員に寄り添ってフォローする係のことです。

お世話役は、「上司ではない同じ店舗の先輩」とし、新入社員が女性の場合は、お世話役も女性とするのが決まりです。

新入社員の教育にふさわしいのは、幹部社員や上司ではなく、「新入社員よりも、少しだけ経験がある社員」です。直接の上司には弱音を吐けなくても、お世話役の先輩社員にになら、悩みや不安を吐き出すことができます。

新入社員とお世話役は、「2ヵ月に1回」サシ飲み（またはランチ）をします。

お世話役制度は、「新入社員（新卒、中途）」を「寂しくさせない」ための仕組みでもあります。

「学生から社会人になったとき」、あるいは、「前職からエネチタに転職をしたとき」、新入社員は強いストレスにさらされます。

新しい人間関係を築かなければいけない。新しい職場に慣れなければいけない。新しい仕事を覚えなければいけない……。

環境が変わって、「異国にひとり取り残されたような寂しさ」を感じることもあるはずです。

エネチタは、新入社員を寂しくさせない会社です。新入社員を全力でサポートする。入社時の不安を取り除くことで、早期退職を防ぐことができます。

給湯王事業部長と不動産事務若手幹部との夢の共有

◉夢の共有

事業部の異なる幹部同士で半期に1回、サシ飲みをします。

夢の共有は、「昇格しても、どうなっていくのか具体的な姿が見えない」「上司には話しづらい相談がある」といった社員の声を解決するために生まれました。

次長以上の幹部が「入社当時の夢」や、「これからの目標」を話すことで、幹部になりたてといった若手の幹部社員にも今後のライフプランを想像してもらうことができます。

夢の共有を行うと、部門・世代を超えた交流が図られ、社員間の円滑なコミュニケーションが実現します。また、違う事業部の考え方も共有することができます。直属の上司では聞くことができない部下の悩みを違う角度から解消できるため、社員の離職防止にもつながっています。

サシ飲みの組み合わせは、社歴や近況を考慮して、総務と社長が決めています。

【③風通しのいいコミュニケーション】嫌いな人がいても、態度に表してはいけない

●社員に対しても「感じのいい人」でいる

誰にでも、「好きな人、嫌いな人」「気の合う人、合わない人」「一緒にいて楽しい人、楽しくない人」はいるものです。

人間、好き嫌いがあるのはしかたがない。ですが、**仕事をする上で、「好き、嫌い」の感情を態度に表してはいけない**、と私は考えています。

私は社員に、「お客様だけでなく、自社の仲間に対しても『感じのいい人』になってもらいたい」と考えています。

経営計画書の「内部体制に関する方針」には、次の文言を明記しています。

「個人に対して好き嫌いを社内において態度に表さないこと。

派閥グループをつくったり、誹謗中傷を行った場合は始末書とする」

社員Aにとって、社員Bは「嫌いな人」であるかもしれない。ですが、会社にとって（私にとって）は、社員Aも社員Bも、どちらも不可欠な人材です。

会社経営でもっとも重要なのは、**「チームワーク」**であると私は考えています。

嫌いな人、苦手な人とも、一緒に仕事をする。個人的な感情を横に置き、全社員が
「自分の与えられた仕事を正しく行う」

「共同作業やチームプロジェクトを推進する」

からこそ、会社は成長するのです。

●社員の悩みを解決するため「従業員相談窓口」を開設

苦手な人がいても、態度に出さない。顔に出さない。言葉に出さない。表面上だけでも、仲良くしておく。「表面上は仲が良い会社」と、「表面上も仲が悪い会社」では、

前者のほうが結束力は高まります。

ただし、上司のパワハラ、露骨なイジメ、耐え難い人間関係のストレスにさらされている場合は別です。そのまま放置していると心が病んでしまったり、離職の原因につながります。そこで、２０２１年から「エネチタ従業員相談窓口」を新設しました。

エネチタ従業員相談窓口は、社内のさまざまな問題を解決する制度です。

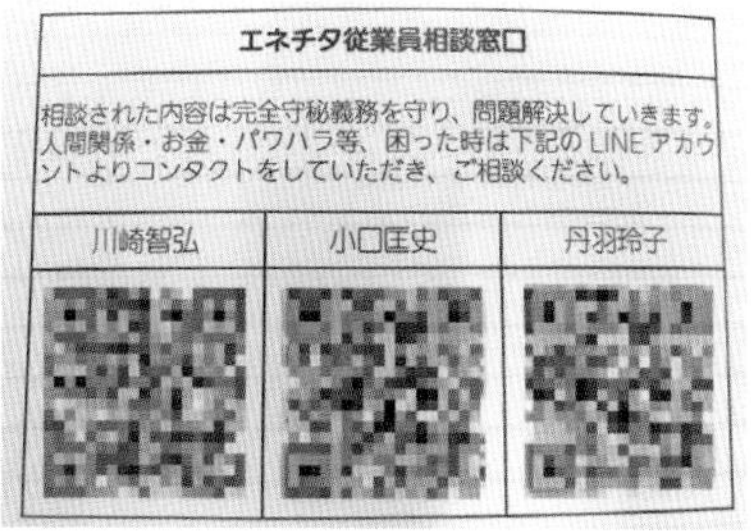
エネチタ従業員相談窓口
相談された内容は完全守秘義務を守り、問題解決していきます。人間関係・お金・パワハラ等、困った時は下記のLINEアカウントよりコンタクトをしていただき、ご相談ください。
川崎智弘
小口匡史
丹羽玲子

・エネチタ従業員相談窓口

人間関係、お金、パワハラなど、困ったことがあった場合、担当者（３名配属）に相談できる仕組み。担当者には**完全守秘義務**を課しているため、相談内容が漏れることはない。

これまでに「人間関係」に関する相談が数件寄せられていて、すべて平和的に解決しています。

【③風通しのいいコミュニケーション】

新入社員の仕事は、上司に迷惑をかけること

●エネチタが、社員の失敗に寛容である理由

私は常々、新入社員にこう言っています。

「君たちの仕事は、上司に迷惑をかけることだよ」

「失敗をしても、お客様のところに上司と一緒に謝りに行けばいいからね！」

エネチタは、「社員の失敗に寛容《かんよう》な会社」です。なぜなら、

「人は、失敗からしか学べない」

からです。

学生を卒業して、社会人となり、仕事をする。「はじめてのこと」「やったことのないこと」をやれば、失敗をする。失敗をしたあとに、「なぜ失敗したのか、どうすれば次はうまくいくのか」を考え、改善する……。

こうして人は成長します。人の成長は、行動と失敗の先にしかありません。人間は、経験のないものはうまくできない。だからこそ、**社員に「失敗の経験」を与えるのが、社長の務め**です。新入社員がいくら失敗しても、会社は潰れません。だから、どんどん失敗をさせる。

社員の成長は、失敗の数と比例します。上司やお客様から叱られ、恥ずかしい思いをして、ようやく一人前になります。

給湯王事業部に所属する２０２０年新卒社員の伊藤淳も、「失敗の数が成長につながる」ことを実感しています。

「上司の杉島さんは、自分がどれだけ失敗しても、『いつでもついて行くし、たくさん失敗して学ぶものだから大丈夫だよ』と声をかけてくれます。先にそのように言っていただけることでとても安心して仕事ができます。

何事にも失敗はつきものではあります。失敗をしたときにいかに次は失敗しないように対策するかが大事だと実感しました。

僕は失敗をすると少し逃げ腰になります。そんなときも杉島さんが逃げずについてきてくれるので、僕も逃げずに向き合おうと思えるようになりました。

これからいくら失敗しても、逃げずに立ち向かってその度に強くなりたいです」（伊藤淳）

【③風通しのいいコミュニケーション】部下が失敗しても、怒ってはいけない。部下の失敗が続くのは、上司の責任

●失敗をした部下を怒ってはいけない

１３５ページの新人教育のところでも軽く触れましたが、新入社員が失敗をしても、上司や先輩は「怒ってはいけない」のが当社のルールです。「怒らない」といっても、失敗を見逃したり、大目に見たり、甘やかしているわけではありません。

部下が失敗をしたら、部下を「怒る」のではなく、「部下がしたことを叱る」ようにしています。

「怒る」と「叱る」は違います。

部下への指導は、「叱る」のが正しい。

・**「怒る」**

感情に任せて相手を責める。育成・指導という目的がなく、相手の人間性を批判、否定する。

・**「叱る」**

怒りの感情をぶつけるのではなく、失敗などに対して「なぜそうなったのか」「どうすべきだったのか」といった気づきを与える。相手の間違いを具体的に指摘し、2度と同じミスをしないように、指導する。

叱るときは、人格を否定してはいけません。

叱る対象は、「人」ではなく、「こと（失敗したこと）」です。

たとえば部下に「1週間後の午前10時までに、企画書をつくるように」と指示を出したとします。部下が期限を守らなかったときに、

「企画書がまだ提出されていないけれど、どうなっているのか。もう期限が過ぎてい

るので今日中に仕上げてほしい。何か理由があって提出が遅れたのなら、その理由を聞かせてほしい。一緒に今後の対策を考えよう」

と、「提出が遅れていること」に対して叱るのは正しい。ですが、

「おまえさ、今日までに企画書を出せって言ったはずだよね。いったいいつまで待たせる気？　頭悪いな。だからおまえはダメなんだよ」

と怒ってはいけない。

「頭悪い」「おまえはダメ」という表現は人格否定です。

叱っていいのは、「仕事の間違い（できなかったこと）」です。「人」ではなく「こと」を叱るという原則を守っている限り、叱られている社員も納得できます。

事実を指摘し、事実を叱り、事実に基づいてアドバイスをする。これが叱り方の基本です。

●上から目線で怒ると、部下はやる気を失う

部下のモチベーションを下げないために、管理職が絶対に忘れてはいけないことがあります。それは、

「上から目線で怒らない」

ことです。

ベテラン社員に部下の指導を任せると、「これくらいはわかるだろう」と思い込んで指導が一方的になったり、「どうしてこんなこともわからないのか」と憤ることがあります。

私もかつて、会社の方針を徹底させようとするあまり、上から目線で幹部を怒ったことがあります。

その結果、どうなったと思いますか？

私に怒られた幹部は、退職届を出してきました。

そのとき、はじめて自分の間違いに気がつくことができました。

私はすぐにお店を予約して、「オレが悪かった」と頭を下げたところ、その幹部は、「社長は謝らないでください。悪いのは私です」と号泣。彼の思いを聞いて、部下を一方的に責めていた自分を恥じました。

それ以降、彼は私にとっても、会社にとっても、社員にとってもなくてはならない存在に成長しています。

部下のモチベーションを下げないためには、上から目線で怒るのではなく、「部下目線」で指導をすることが大切です。

ハウスドゥ東海店のマネジメントに従事する店長の戸嶌郁巳も、「部下目線」での教育を心がけています。

戸嶌は、結果が出ていない部下、後輩に対して、次のような指導をしています。

◉前提……「原因」がどこにあるかを確認する。

こまめに、丁寧に話を聞く。

・**やる気はあるが成果が出ない場合→**質より量。数をこなすように指導をする。

・**自信をなくしている場合→**「できていること」「やったこと」を評価し、承認欲求を満たす。

・**目的意識が持てない場合→**「本人がどうなりたいのか?」を確認後、自分も一緒になって取り組む（やってみせる）。

・**やり方がわからない場合→**「どのようにすればいいのか」を本人に考えさせ（答えが出るように上司が導く）、やり方が決まったら実行させる。

こうした指導が功を奏し、まったく売上が上がらなかった部下が、「3ヵ月連続で目標200％達成」したこともあります。

【④夢に挑戦する長期経営計画】
長期事業構想書は、「夢への挑戦」である

●社員のやる気をうながすために、長期経営計画を発表する

社員が「会社の将来」に不安を覚えるのは、社長が「1年後、5年後、10年後のビジョン」を明確にしていないからです。私は2015年から、5年後までの経営計画を立てた「長期事業構想書」（長期経営計画）をつくっています。

会社にとって最大の敵は、ライバル会社ではなく、「時代の変化」です。したがって「時代がどのように変化していくか」を長期的に見極めることが大切です。10年後も潰れない会社をつくるには、時代の変化を予測し、将来の危機に対して、今から備

えておく必要があります。

経営に必要なのは、「長期的な視点で考えること」です。

「今」利益が出ていても、10年後に会社が潰れていては意味がありません。

経営計画書の長期事業構想書には、事業計画、利益計画、要員計画、資金計画を明記しているため、社員は、**「会社の未来図」**を想像できます。

【長期事業構想書】 ※2021年度経営計画書より一部抜粋して紹介

◉事業計画

・ひとつの業態に住みつかず、複数の事業領域で柱を構築し、コロナ禍にも強い安定した会社にする。
・ガスのお客様を1万世帯にする。
・コールセンターを設置し、不動産の媒介、買取を強化する。
・給湯王ショールーム5店舗に向けて増店する。
・リフォームショールームを増店して売上を10億円にする。

◉利益計画

・総売上高を5年後100億円にする。
・38億円の粗利益を目指す。
・5年後、経常利益5億円にする。
・人件費は貢献度に応じた公平配分とし、給与は同地区の10％増を目指す。人件費は毎年安定的に上げていく。業界ナンバーワンの給与水準を目指す。

◉要員計画

・社員教育の量で、同業他社を圧倒する。
・社員の健康を実現するために、時間外労働時間の削減と、禁煙促進に踏み込む。
・「エネチタの社員がほしい」と言われる人財を育て上げる。

◉資金計画

・現金15億円を保有し、緊急支払い能力を万全にする。

・自己資本比率50％を目指す。

長期事業構想書を見れば、

「会社は今後ますます成長し続ける」

「それにともなって、自分の収入も、役職も上がっていく」

「知多半島の人々からたくさんの感謝をいただける会社になる」

ことがわかります。

だから社員は、将来の不安にとらわれず、夢を持って働けるのです。

●ローカルカンパニー（地域企業）のロールモデルを目指す

社員はもとより、「知多半島で働くすべての人」が都市部並みの給与、福利厚生を得られるための助力となることも、エネチタの使命です。

私は将来的に、エネチタを「地域特化型ビジネスのロールモデル（お手本）」として、成長させたいと考えています。

ローカルエリアの中小企業は、一般的に「給料が安い」「仕事が少ない」と思われているようです。ですが私は「そんなことはない」と思っています。エネチタがこれまで以上に生産性を高め、都市部に負けない待遇を実現することで、「地方にいても活躍できる」「地域格差はなくすことができる」ことを証明できるはずです。

このことが、本当の意味での「笑顔あふれる知多半島の未来をつくる」ことだと確信しています。

【④夢に挑戦する長期経営計画】

不測の事態に陥っても、給料と雇用は絶対に守る

●社長には「業績」以上に大切なことがある

経営者の中には「銀行から融資を受けるのは、経営が安定しないからだ」「経営者が目指すべきは、無借金経営である」と考えている人もいます。

私は、そうは思いません。エネチタは、増収増益を続けながらも、銀行から積極的に融資を受けています。融資を受ける理由は、いかなる事態に陥っても、

「会社を前に進めるため」

「雇用を守るため」

です。

会社の経営は現金に始まり、現金に終わります。

現金は会社の血液と言われるぐらい大切なものです。

エネチタには今、借入金が20億円ありますが（2021年10月時点）、すべて無担保、無保証で借りています。現預金は15億円持っていますので、実質の借入金は5億円と思っています。このお金の準備をしていたので、コロナ禍でもエネチタは新規に3店舗の出店を決めることができました。不動産事業部は、むしろコロナ禍でライバル会社が不動産の買取を中止するなか、どんどん買取を進めました。

つい、無借金経営が正しいと思いがちですが、何かあったときのお金という保険を持っていることが、何より正しい経営ができることにつながると私は考えます。

コロナショックで多くの中小企業が疲弊する中、エネチタが新店の出店に踏み切ることができたのも、不動産を購入できたのも（不動産買取事業を伸ばすことができたのも）、「現金が十分にあったから」です。

コロナ禍でも社員への給料保証ができたのは、「現金が十分にあったから」です。

エネチタが保有する現金の多くは「銀行からの借入金」です。もし無借金で経営をしていたなら、新型コロナウイルスの影響で倒産していたかもしれません。

中小企業の場合、現金を確保するには、銀行融資が不可欠です。**経営者がすべきことは、「借金をしないこと」ではなく、「何があっても会社を倒産させないこと」です。**

銀行からお金を借りて「緊急支払い能力」を高めておけば、再建までの時間を稼ぐことができます。

仮に、新型コロナウイルスの影響が今後も続き、売上が「ゼロ」になったとします。「売上ゼロ」の状態が続いても、エネチタの場合、1年間は磐石です。「1年間は今と同額の給料を払う」ことができます。

売上ゼロでも給料を減らさなくて済むのは、銀行融資を受けて「現金」を増やしているからです。エネチタが目指しているのは、**「実質無借金経営」**です。銀行融資を受けて「借金」を抱えていても、それを上回る現預金を持っていれば、実質的には無借金経営となります。

エネチタでは、資金運用・資金計画に関しても明確な方針を掲げています。

【資金運用の一例】

・借入金は長期とする。
・現金と固定預金の合計で長期借入金を上回り「実質無借金経営」にする。
・月商の3倍の現金、普通預金を確保し、緊急支払い能力を高める。
・困ったときの銀行頼みはしない。その事業から即座に撤退する。
・支払手形を発行しない。
・赤字の翌年、目標以上に利益が出た翌年は設備投資を行わない（法人税と予定納税に多額の資金を要する）。
・金融機関には、定期的に定量データと定性情報を報告する。

・意図してバランスシートの科目の数字を変える。資産の部はより上位科目へ、負債の部はより下位科目へ重点を移すよう地道な努力を続ける。

コロナ禍でもエネチタの社員が動じなかったのは、経営計画書の「資金運用に関する方針」や「長期事業構想書」に記載されている数字を見て、

「不測の事態に見舞われても、エネチタは潰れない」

「業績が落ちても、給料は支払われる」

「緊急事態に襲われても雇用は守られている」

ことがわかっていたからです。


社長にとって「業績を上げること」以上に大切なことがあります。

それは、「雇用を守る」ことです。

100％給料を保証できるように、何があっても会社を倒産させないように、あらゆる手を打つ。それが社長の使命です。

第5章

ここまでやるか！
エネチタのカイゼン

「環境整備」は、エネチタを支える大黒柱

●仕事をやりやすくする環境を整えて、備える

エネチタには、3本の柱があります。
①「お客様第一主義」②「経営計画書」③「環境整備」です。
なかでも、③「環境整備」は、エネチタの大黒柱です。大黒柱がしっかりしている会社は、苦境に立たされても倒れません。

環境整備とは、
「仕事をやりやすくする環境を整えて、備える」ための活動のことです。

具体的には、**「整理、整頓、清潔、礼儀（挨拶）、規律」**を徹底します。

・整理
必要なものと、不要なものを明確にして、最小必要限度までとにかく捨てる。
・整頓
ものの置き場を決め、向きを揃え、いつでも、最小必要限度で、誰でも使える状態を保つ。
・清潔
決められた場所、時間、やり方で、徹底的に磨く。
・礼儀
ハッキリと大きな声で「はい」と返事をする。目線の高さを合わせ、相手より先に笑顔で挨拶する。
・規律
3分前集合を行動の基本とする。名前（社内）を呼ぶときは「さん」づけにする。

社長に対しても「後藤さん」と呼ぶ。

仕事がやりやすくなるように社内を「整」える。必要なものはすぐに取り出せるようにして、仕事に「備」える（準備する）。それが、環境整備の本質です。

環境整備は、会社が決めた方針であり、社員の義務です（朝礼後に、毎朝15分、清潔の活動を実施する）。

経営計画書には「環境整備に関する方針」を明記しています。

【環境整備に関する方針】※一部抜粋して紹介

1　基本

(1)仕事をやりやすくする環境を整えて備える。

(2)「形」から入って「心」に至る。「形」ができるようになれば、あとは自然と「心」がついてくる。

(3)環境整備を通して、職場で働く人の心を通わせ、仕事のやり方・考え方に気づく習慣をつける。
(4)朝礼終了後、決められた場所を15分間行う。時間をずらしてでも全員がやる。

●「形」から入って「心」に至る

社内の価値観を揃えるには、全社員の心をひとつにしなければなりません。

では、どうすれば社員の心をひとつにできるのでしょうか。

その方法が、「形を揃えること」です。


環境整備は、ものの向きを揃えたり、置き場を決めたり、ものを捨てたり、キレイに磨いたり、徹底的に「形」（目に見える行為）にこだわっています。

「全社員が、決められたところに、決められたものを置く」

「全社員が、決められた時間に、決められたやり方で15分の環境整備をする」

ことができたら、それこそ、心が揃った証拠です。
人の心は目に見えません。心の成長は、測ることができません。だからエネチタでは、「形の教育」に重点を置いています。「形」ができれば、あとは自然と「心」がついていきます。

1日、2日磨かなくても、会社が目立って汚れることはないでしょう。それでも全員で、毎日やる。毎日やるからこそ、「あ、ここが汚れている」「ここが傷ついている」「エアコンのフィルターも換えどきだ」と、さまざまな気づきが生まれます。この気づきが社員の感性を育みます。

感性は、持って生まれた素質ではなく、教育によって伸ばすことができます。環境整備は、社員の気づき（感性）を育む教育でもあるのです。

形（目に見える行為）にこだわる環境整備
形ができれば心がついてくる

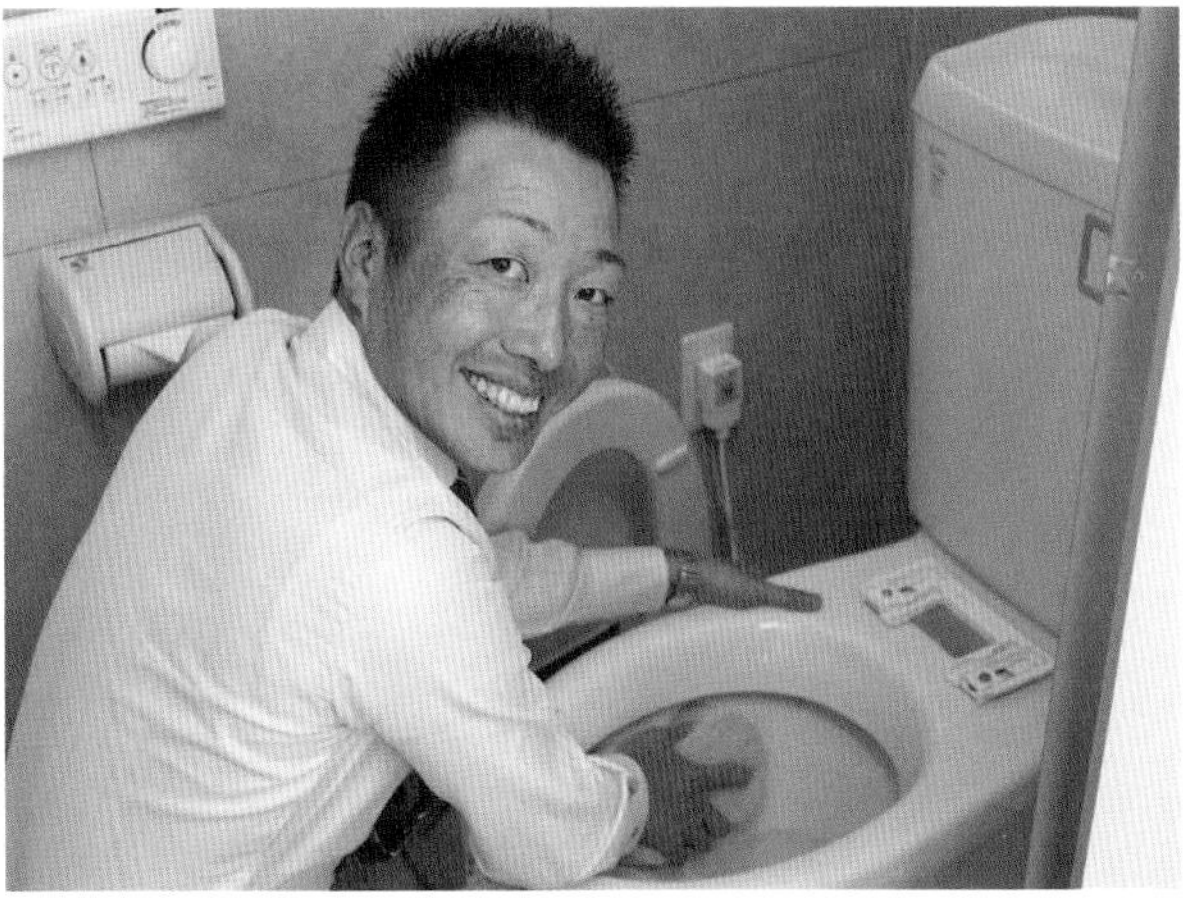

環境整備は一部の社員だけではなく皆が行う

「環境整備」の「整」には、「整理」「整頓」2つの意味がある

●整理は捨てること、整頓は揃えること

「環境整備」の「整(整える)」には、2つの意味が含まれています。
「整理」と「整頓」です。この「整理」と「整頓」が環境整備の軸です。

「整理」＝捨てること。
「整頓」＝置き場所を決めること、揃えること。

「整理」とは、端的に言うと「捨てる」ことです。
捨てるのは、ものだけではありません。無駄な仕事、余計な作業、不必要な情報も

捨てます。中小企業はリソースが限られているので、「やること」と「やらないこと（捨てること）」を線引きする必要があります。

「必要か不要かを選別し、不要なものは捨てる」という経験を繰り返していると、ものだけではなく、情報や仕事の無駄にも気づくことができます。

●整頓するのは、「もの」「考え方」「情報」の3つ

「整頓」とは、「置き場所を決めて、いつでも使える状態にすること」です。

「整頓」するのは、次の「3つ」です。

①「もの」の整頓

・ものの置き場、名前、数量を決めて管理する。管理責任者も決める。
・ものを置くときは、向きを揃える。
・ものを置く位置は、使用頻度に応じて決める。定期的にその位置が正しいかをチェッ

クする。
・ものを使ったら、元の位置に戻す。
・ものを探す時間、戻す時間を最小限化する。

②「考え方」の整頓

・同じ仕事の考え方に揃える（「会社にとって正しいこと」「社員にとって正しいこと」を社員全員で共有する）。
・同じ仕事のやり方に揃える。
・売れている部門に人を配置し、売れるものは成績のいい人が担当する。
・時間通りに終わらせる。

③「情報」の整頓

・整頓してチェックしやすくする（情報も置き場を決めておく）。
・データに基づき、意図的に商品を置く。

物的環境整備		人的環境整備		情報の環境整備
仕事をやりやすくする環境を整えて備える	▶	会社の方針を実行しやすい考え方を整えて備える	▶	社長が決定しやすい情報を整えて備える

〈改善前〉
事務机

〈改善後〉
事務机

〈改善前〉
書庫

〈改善後〉
書庫

日々の業務改善を社員が率先して行う仕組み「改善報告書・カイゼン賞」

●社員が毎月、改善提案

エネチタの社員は毎月「改善報告書」というものを上長に提出しています。

これは社員自身がお客様からいただいた声や自分が気づいたものなど、日ごろの業務の改善点を提案するものです。

改善（カイゼン）ですから提案する内容は当然、業務効率を上げたり、社員が働きやすい環境に役立つものでなければなりません。

具体的には次のようなものです。

環境整備

ココを良くしましたっ！

Before

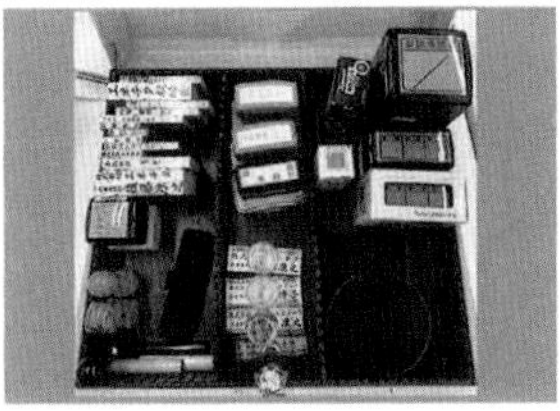

After

【件名】ハンコ置き場の定置化

【改善コメント】

今までハンコはバラバラにおいてあり、利用しようとするときに必要なハンコを探して時間がかかっていました。
種類ごとに色分けを行って、定位置化し時間短縮が出来ました。

【改善ポイント】該当内容にチェックを入れます

☑ ①時間短縮	☐ ④クレーム削減	☐ ⑦定置化
☐ ②不良・ロス削減	☐ ⑤やめること提案	☐ ⑧美観・安全確保
☐ ③販売促進	☑ ⑥見える化	☐ ⑨その他

時間削減　（　1回　5　秒　×　月　20　回　＝　100　秒　月間　2　分削減　）

所属	総務	氏名	小口匡史	点数
改善実施日	10 月 30 日	評価者	川崎智弘	4 点

評価基準

①時間短縮	（ 30分以上 ）	5 点	②不良・ロス削減	4 点
	（ 15分以上30分未満 ）	4 点	③販売促進、④クレーム削減	3 点
	（ 10分以上15分未満 ）	3 点	⑤やめること提案	3 点
	（ 5分以上10分未満 ）	2 点	⑥見える化	2 点
	（ 5分未満 ）	1 点	⑦定置化、⑧美観・安全確保、⑨その他	1 点

［改善にならない項目］
①清潔に関する改善
②個人が使用するものの改善
③マニュアルは改善としない
④パソコン内は改善としない
（内勤のみ可とする）

［評価の注意点］
評価基準を元に評価するが、評価以上の効果が認められれば加点をし、成果の出ないものと判断した場合は減点又は改善とみなさない。

【加点ポイントを付けてもよい内容】
・削減時間だけでなく、作業時間が大変なもの
・期待成果が大きいもの

社内報「カイゼン賞」

4月度 カイゼン賞
すごい改善
できチッタ
レジ廻り外販コーナー
改善大賞をいただき、ありがとうございます。
ラーメンパックはお客様に良く見えるように、フックを使って見た目も重視しました。また、キムチ等の展示が無かった商品も展示し品数も増やしお客様の見た目も賑やかに成るように工夫してみました。
フードサービス事業部
青木登美栄さん
販売コーナーを作成するために、準備と工夫をキッチリと行ってくれました。
レジ前がとても賑やかに見た目も良くなり、また外販の売上もアップにも貢献してくれました！ありがとうございます。
入賞者
在庫の持ち出す手順の見える化
キーパー用品三定管理
転送電話設定中ポップ
ガス事業部
SS事業部
山野田沙也加さん
不動産事業部
土井えりかさん

3月度カイゼン賞
すごい改善
できチッタ
配送時、消耗品 個人管理
Before
After
産業エネルギー事業部
入賞者
ガス事業部
不動産事業部
その他発注の忘れ防止と時間短縮
フードサービス事業部
田代由美子さん

この提案に対しては必ず上長がフィードバックするようにしています。

良い提案に対しては毎月「カイゼン賞」として社内報で発表し、大賞5000円、入選3000円の賞金も出しています。

この仕組みをはじめてから、毎月全社員が「もっと仕事をやりやすくする方法はないか」と考えるようになり、気づきや考える訓練にもなっています。

また、全社員だけでなくパート・アルバイトからも毎月改善報告書を提出いただきますので、月間で150件、年間で1800件以上の業務改善が生まれています。

データポータルの分析結果を経営に役立てる

●直感や経験則だけでは、経営判断を見誤る

当社では、現在「情報の整頓」の一環として、「Googleデータポータル」の活用を進めています。

Googleデータポータルは、Googleが提供するＢＩツール（ビジネス・インテリジェンスツール）です。

Googleデータポータルを使うと、さまざまなデータを可視化（ランキング、最大値、最小値などをグラフや図で表示）できるので、未来予測・意思決定・計画立案などに役立てることが可能です。

【可視化のメリット】

・客観的なデータに基づいているので、社長（幹部社員）の直感、主観による判断を避けることができる。
・ヒット商品の先行指標に気づけるようになる。
・社内の異常値をすぐに見つけ、対処できる。

データポータルをつくっているのは、エネチタの社員です。外部のシステム会社に委託せず、**「自分たちの仕事に役立つポータルを、自分たちでつくり、自分たちで運用する」**のが基本です。

現場を知らない人間がつくったポータルよりも、現場目線でつくったポータルのほうが、実用的です。今期中（第87期）に、「全社員がデータポータルを作成できるようにする」のが目標です。

エネチタでは、各事業所に大型モニターを設定し、経営に関するさまざまなデータ、

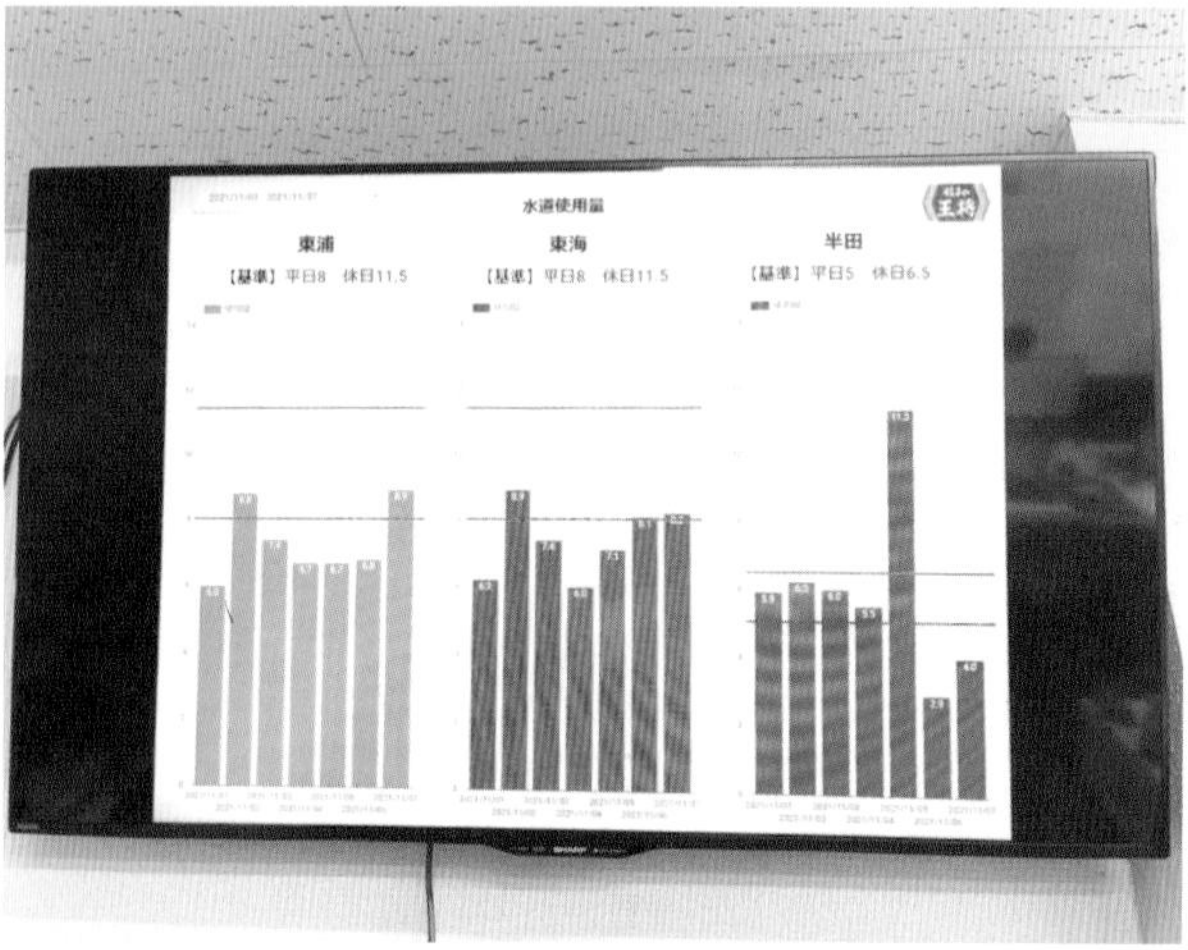

数字の見える化で経営への関心を高めるデータポータル

数値を見える化（グラフ化）しています。

これまで、数字、データは一部の社員のみ閲覧可能でしたが、現在は、パート・アルバイトにも公開しています。

たとえば、水道の使用量。「餃子の王将」東浦店のスタッフが、「東海店や半田やなべ店に比べ使用量が多い」ことに気づいて節水をはじめるなど、各事業所内の効率化が進んでいます。データポータルによる数字の見える化によって、パート・アルバイトまでもが「経営に参画する意識」を強く持つようになっています。

環境整備が定着すると、PDCAサイクルが回り出す

●環境整備によって、アセスメントの習慣が身につく

環境整備を導入して1年半ほど経ったとき、私は「社内の業務改善のスピードがアップした」ことを実感しました。

業務改善が進んだ理由は、大きく2つあります。ひとつは、前述したように、「整理」と「整頓」によって「仕事をやりやすくする環境が整った」こと。もうひとつは、「社員が、意識的にアセスメントをするようになった」ことです。

・アセスメント……評価、分析をすること。

たとえば、リフォームのイベントを開催したとします。

かつてのエネチタであれば、イベント終了後に「おつかれさま！」と言って解散し、

すぐに飲みに行く(笑)。ですが現在では、イベント終了後にスタッフが自発的に集まって、「良かった点、悪かった点、次回に向けた改善点などを話し合う」ようになっています。

アセスメントの習慣が身についたのは、環境整備が定着した証拠です。なぜなら、環境整備は、「ＰＤＣＡサイクル」を回す仕組みでもあるからです。

ＰＤＣＡサイクルは、Plan（計画）、Do（実行）、Check（測定）、Action（評価・改善）の４つのプロセスを循環させて、業務改善を進める概念です。

【エネチタのＰＤＣＡサイクル】

・ＰＤＣＡサイクルの目的

ＰＤＣＡサイクルを早く回すことで、日々変化する。お客様に支持され続ける安定した企業になる。

Ｐ（プラン）

計画を立てる時間を削除するほど誤った時間の使い方はない。仮説を立てて計画する。計画通りにいかないからこそ、その「差」を知るために計画が必要である。最初に「こうしたい」「こうなるだろう」とゴールを決め、ゴールから逆算して、計画を立てる。

D（ドゥ）

計画通りに実行する。質よりも行動量（数）を重視する。社員の仕事は、社長が決めたことを実行すること。したがって、「実施責任」は社員にある。

C（チェック）

仮説・計画通りの結果が出たかを定期的に検証する。現場・現物を確認し、しつこくチェックを行う。リマインダーを利用し、定期チェックを自動化する。**チェックできないことを部下にやらせてはいけない。**

A（アセスメント／アクション）

計画と結果の差を「数字」「データ」で客観的に分析する。成果が出ていれば、さらに強化する。成果が出ていなければ、改善する（新しい計画をつくり直す）。

エネチタの社員は、失敗ばかりです（笑）。ですが、エネチタには失敗を放置せず、

「なぜ失敗したのか」
「どうすれば失敗しないようになるのか」

を社員が自ら検証する文化があります。

不動産仲介を担当する2021年新卒社員の山本剛嗣は、確認不足、連絡不足が原因で、契約後に越境物（敷地を超えて他人の敷地内に侵入しているもののこと）の一部を解体する事態に陥ったことがあります。

「不動産の契約をするにあたっては、物件の調査後、重要事項の説明書を作成するのですが、私の確認不足が原因で、契約後に越境物を一部解体することになったのです。この失敗から学んだことは、『物件をご案内させていただく際に、境界杭（隣り合う土地や道路との「境界」を示すために打ち込まれた杭）を確認し、お客様に説明をすること』、また、現地調査をする際は『事務の担当者と一緒にすること』です。これらを現地調査マニュアルに追加して確認を徹底した結果、越境物に対するクレーム

がなくなりました」（山本剛嗣）

ガス事業部集合住宅課の２０１８年新卒社員の井村勇斗も、失敗から学んでいます。「せっかく契約を取ったものの、ライバルにひっくり返されたことがありました。原因は、『ライバルがお客様に対してどのような行動をするのか』『どのような条件を出すのか』をお客様にお伝えできていなかったことです。この失敗以降、商談時に使用するチェックリストを作成。お客様へ伝えることを明文化して『伝え忘れ』をなくした結果、ライバルにお客様を奪われることがなくなりました」（井村勇斗）

●問題発見力と問題解決力が養われる

先ほど説明した仕事のＰＤＣＡサイクルの基礎となっているのが環境整備のＰＤＣＡです。

P（プラン）

環境整備は、1ヵ月ごとに作業計画表を作成し、その表に則って行います。

「好きな時間に、好きな場所をキレイにすればいい」のではなく、拠点ごとに、「誰が、どのテリトリーを磨くのか」を事前に決めておきます。

D（ドゥ）

計画にしたがって、朝礼後に15分間の「環境整備」（環境整備の「清潔」）を実行します。

C（チェック）

エネチタでは、「毎月1回（年12回）」、社長と社員10人が全拠点を回り、環境整備の成果をチェックしています（環境整備点検、詳細は241ページ参照）。

「点検チェックシート」には、チェック項目ごとに「評価」の欄が設けられていて、「○」か「×」を判断します。

環境整備点検時の点数は賞与に連動していて、点検の結果によって賞与の額が変わります。チェックする仕組みがないと、ただの掃除になってしまいますが、定期的にチェックすると業務改善につながります。

A（アセスメント／アクション）

「×」がついた項目は「D（ドゥ）が間違っていた」わけですから、「なぜ、○がもらえなかったのか」「どうすれば成果が出るのかを」を検証し、改善策を講じます。

計画を立て、実行し、その成果をチェックし、成果が出なかったら改善をする。環境整備を通してこのサイクルを回すことで、社員が「やりっぱなしにしてはいけない」「成果をアセスメントしなければいけない」「できない状態のまま放置してはいけない」という意識を持つようになりました。

計画の立案と見直しを繰り返すことで、「どこに問題があるのか」に気づく問題発見力と、「その問題を解決するには、何を、どうすればいいのか」を考える問題解決力を養うことができます。

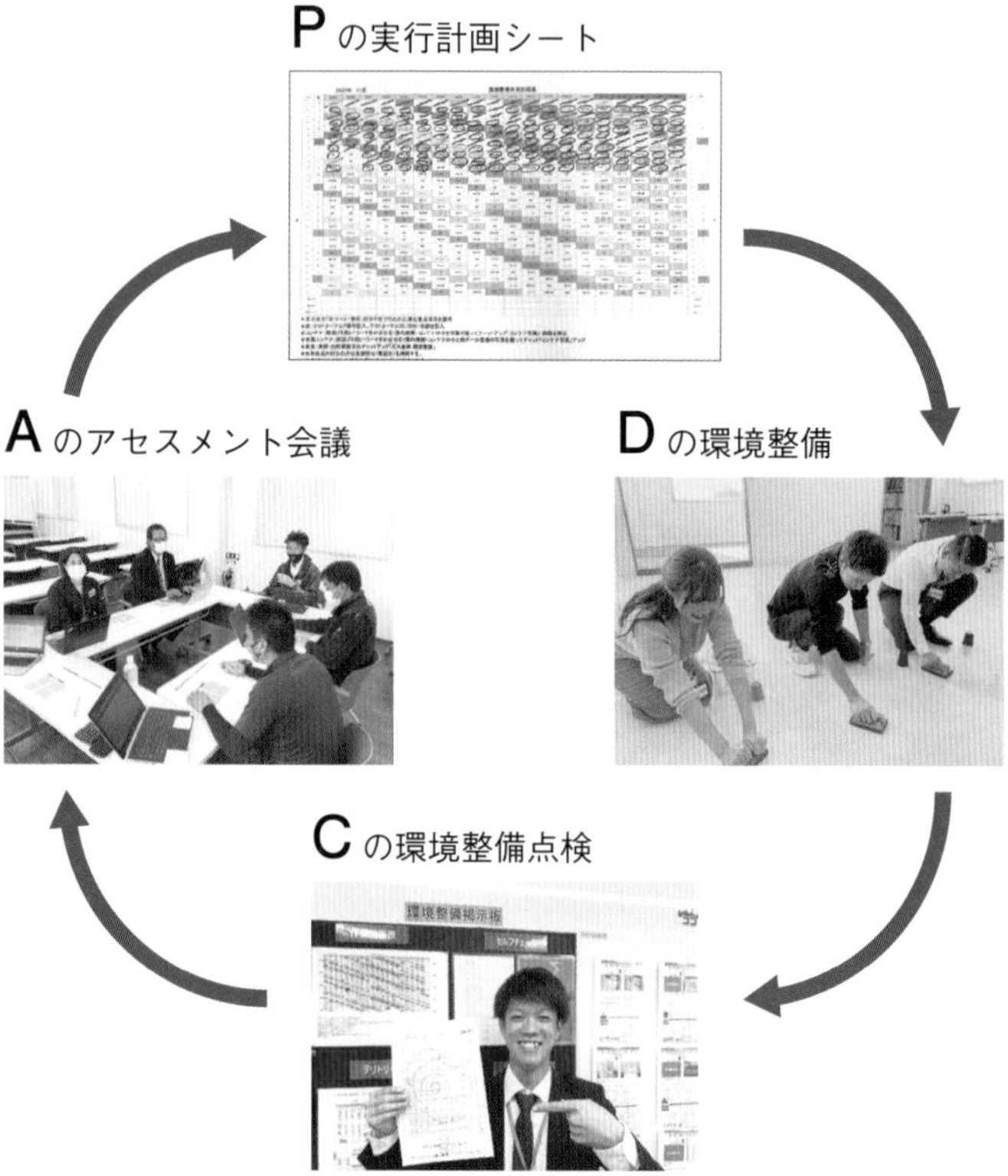
Pの実行計画シート
Dの環境整備
Cの環境整備点検
環境整備掲示板
Aのアセスメント会議

環境整備点検に社員を同行させる4つの理由

●環境整備点検は、点検者の「感性」を養う仕組み

毎月1回、年12回実施する環境整備点検には、全27拠点に社員を10人同行させています（持ち回り。全社員が点検を経験する）。私と、社員10名で各拠点をチェックします（○と×をつける）。毎月この点検日だけは全従業員が大騒ぎになります（笑）。

社員を環境整備点検の点検者にしているのは、次の「4つ」の理由からです。

【環境整備点検に社員を同行させる4つの理由】

①点検者の気づきの感性を磨くため

②「幹部視点」での判断力を養うため

③「成果が出ていること」を横展開するため
④点検される側に「おもてなし」の工夫をさせるため

①点検者の気づきの感性を磨くため

環境整備点検日は、10人以上乗れる車をレンタルして、1日で全拠点（27ヵ所）を回ります。

移動時間は、点検者全員が「自分の気づきを発表する時間」でもあります。

たとえば、A拠点からB拠点まで移動するのであれば、B拠点に到着するまでの間に、A拠点の「良かった点、悪かった点」について発表しなければなりません。

「車内で発表する」という強制力が働くと、社員はいつも以上にアンテナを張って、真剣に、慎重に拠点を点検するようになります。

発表は職責下位の社員からです。

私はこう言って、社員（とくに先輩社員、幹部社員）をあおります。

「職責の高い社員はどんなところに気づいているか、みんなよく聞いておけよ（笑）。目のつけどころが新人とは違うから（笑）」

するると先輩社員、幹部社員は、

「新人では気づけないところに気づいてやろう」

「『さすが先輩！　そこは気づけませんでした！』と思わせてやろう」

「新人が気づいているのに自分が気づけていないと格好がつかないから、真剣にチェックしよう」

と気を引き締め、気づきの感度が高まります。

私たちの仕事は、「お客様の困りごとを解決する」ことです。

したがって、**「お客様の悩みは何か」「どうすれば、今まで以上にお客様に快適さをご提供できるか」に気づくことが大切**です。

環境整備点検は、気づきの感性を磨くためのトレーニングでもあります。

②「幹部視点」での判断力を養うため

環境整備点検に同行する社員は、たとえ一般社員（新人社員）でも、「幹部」のように振る舞います。点検に臨む一般社員に、私は次のようにアドバイスをしています。「今日だけは、あなたは幹部です。あなたは自分のことを部長だと思ってください。そして幹部として現場に行ってください。

点検中に気づいたことがあれば、幹部としてどんどん声をかけてください。成果が出ていることには、『がんばっていますね』『よくやっていますね』『すごいですね』と褒めてください。

改善したほうがいいことがあれば、『こうしたほうがいいんじゃないですか』と指摘してください」

「幹部として」と明言しておくと、一般社員・新人社員も甘えがなくなって、幹部視点で現場を観察するようになります。

ます。

③「成果が出ていること」を横展開するため

点検終了後、点検者には、「自分の事業所でも真似をしたいこと」を発表させてい

「あの拠点の定位置管理のやり方を自分の部門でも取り入れたい」

「あの拠点の『見える化の仕組み』は良いと思うので、自分のところでも導入したい」

といったように、**他拠点の「成果が出ていること」を持ち帰るのが決まり**です（ただし、私の承認がなければ持ち帰ることはできません。「それを持ち帰っても成果は上がらない」と私が判断した場合は、再検討させています）。

④点検される側に「おもてなし」の工夫をさせるため

点検をされる側には、次のように言っています。

「点検に来る社員を『お客様』だと思うこと」

「お客様が喜ぶように迎え入れること」

こう言っておくことで、**「どうすれば喜んでいただけるか」「感じのいいおもてなし**

とは何か」を考える練習になります。フードサービス事業部の柴田拓実は環境整備点検についてこのように言っています。

「環境整備点検をしていただくことで、満点を取る事を目標に店舗の従業員が一丸となれます。パート・アルバイトさんでも他店舗の点数を気にして次の改善点の話し合いをしています。また年1回点検側としても参加させていただきますが、他の店舗で良いと思ったものを1つパクって自店で実行するというルールもあります。たとえば掲示物や文房具の在庫を見えるようにしたりと、とても勉強になることが多くて環境整備点検に行く度にどんどん成長していることを感じられて嬉しいです」（柴田拓実）

また、環境整備点検は点数で数値化しており、点検される側は良い点数をとろうとするのはもちろんですが、加えて感じのいい店舗への投票も行っていますので、一票でも多く「感じのいい店舗」として投票してもらえるようにみんなが頑張って点検のおもてなしをしてくれています。このことも「感じのいいおもてなしとは何か」を考える大変良い機会になっています。

点検者にも感じのいいお出迎えをする

満点を取れたときの喜びも全力

おわりに

●社員が嫌々勉強をする会社は、良い会社である

中小企業庁では、総務省と経済産業省が公表した「平成28年経済センサス―活動調査」のデータを分析し、中小企業・小規模事業者数の集計結果を取りまとめました（平成30年11月30日発表）。

２０１６年の全事業者数は、３５９万社。このうち、中小企業は３５８万社です。「就職先を決める」ことは、３５９万社の中から、「１社を選ぶ」ことです。

では、就活生（あるいは、転職を考えている人）は、どのような視点で、どのような基準で、何を優先して、１社を選べばいいのでしょうか。

会社選びで大切なのは、

・**「成長の機会を与えてくれる会社か」**
・**「社長に共感できるかどうか」**

の「2つ」の基準を持つことだと私は考えています。

ポイント① 【成長の機会を与えてくれる会社か】

成長できなければ、収入や役職が上がることも、社会に貢献することも、より深い学びを得ることも「ない」と思います。

教育なくして、成長なしです。成長なくして、やりがいなしです。

したがって、

「成長機会を与えてくれる会社」
「教育機会を与えてくれる会社」

を選ぶべきです。

誰だって、もちろん私だって「勉強は嫌い」です（笑）。

知多半島出身の私が東北の大学に進学したのは、スノーボードがしたかったからです。在学中は勉強そっちのけで、年間１００日はゲレンデに出ていました（笑）。

学生のうちは、遊んでいても許されるかもしれない。勉強が後まわしになっても、さほど責められることもない。けれど社会に出たら、遊んでばかりはいられない。自覚と責任を求められます。

勉強を続けなければ、自己成長も、自己実現もおぼつかない。やりたいこともできない。だから、**「社員教育の量が多い会社」**を選んだほうがいいのです。

エネチタは、社長を含めた全従業員が、「嫌々ながらしかたなく勉強をする会社」です。社員ひとり当たりの教育費は他社の８倍、１６１万円（２０１９年実績）です。

人間は自分に甘く、自主的には勉強しません。

「勉強なんて面倒」「勉強なんてやりたくない」と渋るのが当たり前。そこでエネチタでは、社員の鼻先にニンジンをぶらさげています（笑）。

勉強の量を人事評価制度とひもづけて「勉強をすれば評価（収入など）が上がり、しなければ下がる」仕組みです。

たとえば「100回帳」。

エネチタでは、勉強会やイベントに参加すると、100回帳というシートに「社長のハンコ」が押されます。ハンコが100個貯まると、5万円のギフト券に交換できます。すると、「勉強して自分を成長させたい」と前向きな動機ではなく、「ギフト券がほしい」というよこしまな理由から、

「嫌々ながら」

「しかたなく」

「面倒だと思いながら」

も勉強をする。それでも、量をこなして勉強会に参加していれば、いつの間にか、成長する。それがエネチタです。

●「どこで働くか」よりも、「どんな社長と働くか」

ポイント②【社長に共感できるかどうか】

会社説明会に社長は登壇せず、採用担当者に一任する会社もあります。ですがエネチタでは、私が自ら学生の前に立っています。

「後藤康之がどういう人間か」を知っていただくためです。

私は就活生に、「エネチタに入る、入らないに限らず、就職先を選ぶときは、社長を見たほうがいいですよ」と説明した上で、次のように話を続けています。

「もし今、『後藤康之ってちょっと気持ち悪いヤツだな』『こんな社長、絶対に嫌だな』と思ったら、エネチタに来たらダメです（笑）」

就活生の多くは、年収、福利厚生、仕事内容といった「条件」を入社の決め手にしています。

ですが、条件だけでは人は定着しません。

条件よりも大事なものがあります。それは、**「人間関係」**です。

条件に納得して入社したのに会社を辞めてしまうのは、「人間関係」の不満を解決できないからです。

とくに中小企業の場合、社長と社員の距離が近いため、

「社長と社員の関係性」

「社長との相性の良さ」

が何よりも大切です。

「この社長の下で仕事をしたいか、したくないか」

が、会社選びの大きな判断基準になります。

「どこで働くか」よりも、「誰と働くか」「どんな社長と働くか」です。

●359万社の中の1社に選んでいただけるように、努力を続ける

私が考える「良い会社」とは、

「社員がいつの間にか成長している会社」

「社長と社員、上司と部下の価値観が揃っている会社」のことです。

エネチタを地域で一番の「良い会社」にするために、これからも労力・努力を惜しまず、業務改善を進めていきます。

就活生から、359万社の中の1社に選んでいただけるように、「社員の成長」と「社長と社員の価値観の醸成」に励んでいきます。

本書の内容が、就活生や中小企業経営者の「ヒント」になれば、幸いです。


最後になりますが、この書籍を出版するにあたって知多半島で応援してくださる多くのお客様、いつもがんばってエネチタブランドを支えてくれる従業員のみなさんに心より感謝いたします。

本当にありがとうございます。


また、人生は必要な時に一瞬早すぎず、一瞬遅すぎず、大切な人と必然的に会えると思わざるを得ません。

第38青年経営者研修塾の仲間には、ともに学び経営者への仲間入りをさせていただきました。株式会社フォスターの榎本計介氏からは、壮大な知多半島ビジョンを授けていただきました。株式会社武蔵野の小山昇社長からは、環境整備を基礎から叩き込んでいただきました。株式会社テイルの金原章悦社長からは、環境整備を成果に変える指導をしていただきました。

多くの方々のご指導のもとで、今の私があると感謝しております。

これからいただいた教えをさらに発展させ、知多半島のお客様にもっと満足していただける会社にしていき、笑顔あふれる知多半島の未来に少しでも貢献して参ります。

株式会社エネチタ　代表取締役　後藤康之

著者紹介

後藤康之（ごとう・やすゆき）

株式会社エネチタ　代表取締役

愛知県知多市出身。
1997年に大学卒業後、兵庫県の会社に就職するも1年半後に社長であった父親が他界したため、急遽、地元系石油店の株式会社大和（現株式会社エネチタ）に戻り、社会人としての経験も少ないまま、会社を継ぐことになる。その状況に危機感を抱き、休まず働き続け、独学によるトップセールスで会社を大きく成長させたが、調子に乗って事業の多角化に乗り出した結果、マネジメントの限界で倒産の危機に。その後、徹底した社員教育と地域戦略で業績を回復させ、愛知県の知多半島という限られたエリアのみに事業を絞りながらも、8事業、27拠点に拡大、従業員数400名で2021年にコロナ禍にもかかわらず過去最高益を達成し、今もなお成長を続ける。

ここまでやるか！　地域密着《ちいきみっちゃく》のスゴい会社《かいしゃ》　〈検印省略〉

2021年　12月　10日　第　1　刷発行

著　者――後藤 康之（ごとう・やすゆき）
発行者――佐藤 和夫

発行所――株式会社あさ出版
〒171-0022　東京都豊島区南池袋 2-9-9 第一池袋ホワイトビル 6F
電　話　03 (3983) 3225（販売）
　　　　03 (3983) 3227（編集）
F A X　03 (3983) 3226
U R L　http://www.asa21.com/
E-mail　info@asa21.com

印刷・製本　文唱堂印刷株式会社

note　https://note.com/asapublishing/
facebook　http://www.facebook.com/asapublishing
twitter　http://twitter.com/asapublishing

ISBN978-4-86667-325-7 C2034